BEI GRIN MACHT SICH IHR
WISSEN BEZAHLT

- Wir veröffentlichen Ihre Hausarbeit,
  Bachelor- und Masterarbeit

- Ihr eigenes eBook und Buch -
  weltweit in allen wichtigen Shops

- Verdienen Sie an jedem Verkauf

Jetzt bei www.GRIN.com hochladen
und kostenlos publizieren

Bibliografische Information der Deutschen Nationalbibliothek:

Die Deutsche Bibliothek verzeichnet diese Publikation in der Deutschen National-bibliografie; detaillierte bibliografische Daten sind im Internet über http://dnb.d-nb.de/ abrufbar.

Dieses Werk sowie alle darin enthaltenen einzelnen Beiträge und Abbildungen sind urheberrechtlich geschützt. Jede Verwertung, die nicht ausdrücklich vom Urheberrechtsschutz zugelassen ist, bedarf der vorherigen Zustimmung des Verla-ges. Das gilt insbesondere für Vervielfältigungen, Bearbeitungen, Übersetzungen, Mikroverfilmungen, Auswertungen durch Datenbanken und für die Einspeicherung und Verarbeitung in elektronische Systeme. Alle Rechte, auch die des auszugsweisen Nachdrucks, der fotomechanischen Wiedergabe (einschließlich Mikrokopie) sowie der Auswertung durch Datenbanken oder ähnliche Einrichtungen, vorbehalten.

Impressum:

Copyright © 2011 GRIN Verlag, Open Publishing GmbH
Druck und Bindung: Books on Demand GmbH, Norderstedt Germany
ISBN: 9783668583139

Dieses Buch bei GRIN:

https://www.grin.com/document/379628

Frank Fiebig

Politik im Spannungsfeld von Politikgestaltung, -vermittlung und Durchbrechung des arcanaa imperii. Ereingnismanagement und Neuen Medien am Beispiel von Wikileaks. Demokratieverständnisse, Depolitisierung und Repolitisierung von Bürgern

GRIN Verlag

GRIN - Your knowledge has value

Der GRIN Verlag publiziert seit 1998 wissenschaftliche Arbeiten von Studenten, Hochschullehrern und anderen Akademikern als eBook und gedrucktes Buch. Die Verlagswebsite www.grin.com ist die ideale Plattform zur Veröffentlichung von Hausarbeiten, Abschlussarbeiten, wissenschaftlichen Aufsätzen, Dissertationen und Fachbüchern.

Besuchen Sie uns im Internet:

http://www.grin.com/

http://www.facebook.com/grincom

http://www.twitter.com/grin_com

Universität Potsdam

Wirtschafts- und Sozialwissenschaftliche Fakultät

Professur für Politik und Regieren in Deutschland und Europa - Politisches System der
Bundesrepublik Deutschland

WikiLeaks als Neues Medium & Ereignismanagement

Hausarbeit zum Seminar
„Ereignismanagement"

Frank Fiebig

Inhaltsverzeichnis

1. Einleitung

„Diese Enthüllungen sind der 11. September für die weltweite Diplomatie, weil sie alle vertraulichen Beziehungen zwischen den Staaten in die Luft jagen."[1]

Mit diesen Worten kennzeichnete der italienische Außenminister Franco Frattini[2] das Ereignis der Veröffentlichung der „Cablegates"[3], der ca. 250.000[4], zwischen dem US-Außenministerium und den amerikanischen Botschaften ausgetauschten, „geheimen oder vertraulichen Depeschen"[5], durch WikiLeaks. Mit einem „Angriff auf Amerika und die internationale Gemeinschaft"[6] setzte US-Außenministerin Hillary Clinton dies sogar gleich. Während sie somit eine ähnliche Auffassung wie ihr italienischer Amtskollege teilte und mit solchen gewaltigen Worten kommentierte, soll Berlusconi dagegen nur darüber gelacht haben[7]. In ähnlicher Weise verhielt sich Robert Gates, seines Zeichens US-Verteidigungsminister im Amt, der die Bezeichnungen als übertrieben titulierte[8].

In dieser Arbeit soll aufgezeigt werden, dass das entscheidende Moment für diese Interpretationen über die Veröffentlichungen von WikiLeaks in der Ohnmächtigkeit der verschiedenen staatlichen Stellen gegenüber der Durchdringung des *arcana imperii*[9] und ihrer *Irreversibilität*[10] seitens einer international agierenden Nicht-Regierungs-Organisation (NGO) und ihrer Unterstützer mittels moderner Kommunikationsmittel und der Vernachlässigung von Partizipationsbestrebungen eines sich in der globalisierten Welt exkludiert wahrnehmenden Bevölkerungsteils zu finden ist. Postuliert werden kann, dass diese Ohnmächtigkeit seitens des US-Außenministeriums in der

---

[1] O. V.: Der 11. September für die weltweite Diplomatie, Auf: Spiegelonline vom 29.10.2010, Auf: www.spiegel.de /politik/ausland/0,1518,731720,00.html am 19.09.2011 um 23:00 Uhr.
[2] *Ebenda.*
[3] *Der Begriff setzt sich aus Cable, der Anglizismus für Kabel, nach der Art und Weise der Übertragung der Nachrichten, und dem Kürzel Gate, welches mit Blick auf die Watergate-Affäre unter Nixon, die Brisanz der Dokumente unterstreichen soll. Siehe auch www.wikileaks.de am 19.09.2011 um 23:06 Uhr.*
[4] *www.wikileaks.de am 19.09.2011 um 23:06 Uhr.*
[5] *O. V.: Der 11. September für die weltweite Diplomatie, Auf: Spiegelonline vom 29.10.2010, Auf: www.spiegel.de /politik/ausland/0,1518,731720,00.html am 19.09.2011 um 23:00 Uhr.*
[6] *O.V.: Clinton prangert WikiLeaks-Enthüllungen an: auf Spiegelonline vom 29.11.2011, auf: www.spiegel.de /politik/ausland/0,1518,731838,00.html am 21.09.2011 um 17:15 Uhr.*
[7] *O. V.: Der 11. September für die weltweite Diplomatie, Auf: Spiegelonline vom 29.10.2010, Auf: www.spiegel.de /politik/ausland/0,1518,731720,00.html am 19.09.2011 um 23:00 Uhr.*
[8] *Gerstein J.: Gates shruggs off WikiLeaks cable dump, Auf: www.politico.com/blogs/joshgerstein/1110/Gates_shrugs_off_Wikileakss_cable_dump.html am 21.09.2011 um 17:15 Uhr.*
[9] *Lateinischer Begriff für Herrschaftswissen, s.a. Andreas Zielke: Wissen ist Macht. In: Süddeutsche Zeitung Nr. 291, S. 11.*
[10] *Irreversibilität bezieht sich hier auf den Umstand, dass die von WikiLeaks veröffentlichten Dokumente durch Unterstützer auf Server gespiegelt wurden und dadurch im Netz gesichert und vor staatlichem bzw. quasi-staatlichen und privaten Angriffen, wie z.B. DDoS-Attacken oder die Stilllegung von Servern, s. Amazon, geschützt werden.*

Nichtbeachtung der Bedeutung von WikiLeaks als neuem Medium in der Medienlandschaft geschuldet ist. Diese Bedeutung eines ernstzunehmenden internationalen Akteurs, die erst durch die Entwicklungen innerhalb der klassischen Medien und später durch die Zusammenarbeit mit diesen, die WikiLeaks erlangen konnte, wurde seitens des US-Außenministeriums nicht beachtet, sondern mit Arroganz begegnet. Durch eben diese wurde im Endeffekt dieser „11. September der Diplomatie" in seinen Auswirkungen mangels eines erfolgreichen Ereignis- bzw. Krisenmanagements erst ermöglicht.

Um das Phänomen WikiLeaks im Kontext von Ereignismanagement erklären zu können, ist es notwendig, dass im ersten Abschnitt gesellschaftliche Veränderungen unter demokratietheoretischen Gesichtspunkten behandelt werden, während im weiteren dann auf die Geschichte und Struktur von WikiLeaks und J. Assange unter Reflexion auf den ersten Teil eingegangen wird. Somit wird die Arbeit eine stark demokratietheoretische Ausrichtung erhalten, in der die These vertreten wird, dass die Neuen Medien, insbesondere WikiLeaks zu einer Repolitisierung der Bevölkerung und Integration von sich exkludiert fühlenden Bevölkerungsteilen erheblich Anteil tragen. WikiLeaks wird somit eine Vorreiterposition innerhalb eines neuen Demokratieschubs in den westlich-geprägten Demokratien zugeschrieben, der Bestandteil einer unter dem Einfluss der Kommunikationsrevolution stattfindenden 4. Demokratiewelle ist.[11]

Innerhalb dieses Kontextes werden sichtbare Problemfelder, wie das der Legitimationsgrundlage von WikiLeaks und der Legalität der Dokumentenfreigabe, aber auch dem der Forderung nach Transparenz bei eigener Intransparenz behandelt werden. Dazu muss das Wesen von WikiLeaks analysiert werden. Abschließend soll geklärt werden, ob WikiLeaks und potentielle Nachfolger die sich gesetzten Ziele erfüllen werden können. Dies wird über die Offenlegung der einzelnen Aspekte und ihrer anschließenden Zusammenführung ermöglicht.

---

[11] *Demokratieschub bezieht sich darauf, dass in den westlich-geprägten Demokratien repräsentative Demokratiemodelle bestehen, an denen die Bürger mehr Teilhabe einfordern, so z.B. die occupy-Bewegung. Demokratiewelle bezieht sich auf die Ausweitung demokratischer Systeme auf der Welt: 1. Welle:1826-1918 Großbritannien, Frankreich, USA ... ; 2. Welle: 1943-62 Indien, Israel, Japan ... ; 3. Welle: 1974-91: Südeuropa, Ibero-Amerika, Osteuropa ... .*

2. Postdemokratische Gesellschaftsverhältnisse

> Die meisten beobachteten ungerechten Handlungen sind mit schlechtem
> Regieren verbunden, da wenn die Regierungsführung gut ist, unlösbare
> Ungerechtigkeit selten ist. Durch die fortgeschrittene Verschlechterung des
> Charakters der Leute, ist die Auswirkung von berichteter aber ungelöster
> Ungerechtigkeit viel größer als es ursprünglich scheint. Durch die moderne
> Kommunikation bieten die Staaten ihrer Bevölkerung ... eine noch nie da
> gewesene Flut an beobachtbaren, aber anscheinend unlösbaren
> Ungerechtigkeiten.
>
> *Julian Assange: „Conspiracy as Governance"* [12]

2.1. Massenmedien – Neue Medien - WikiLeaks

Das Entstehen von WikiLeaks ist, genauer betrachtet, kein überraschendes Ereignis gewesen, sondern kann als eine Frage der Zeit und dem Zusammenspiel verschiedener Komponenten angesehen werden. Einen Grundpfeiler stellt die Person, die unter dem Namen Julian Assange bekannt wurde, dar. Die „aktuelle Kommunikationsrevolution"[13], die sich aus „technischem Fortschritt, ökonomischen und politischen Globalisierungsmechanismen ... [und] nahezu grenzenloser Informationsbereitstellung" [14] und Datentransfers via Internet und Mobilfunk speist, stellt den Zweiten dar. Diese Bereitstellung von Informationen und Daten führen zu gesellschaftlichen Veränderungen im Wissenserwerb und der zwischenmenschlichen Interaktion. Dahin gehend sind auch Veränderungen im gesellschaftlichen, bei A. Assmann kollektiven[15], Gedächtnis zu verzeichnen. Chr. Jacke und M. Zierold äußern dazu, dass nach Assmann dies sogar zu einem gesellschaftlichen Realitäts-, Geschichts- und Gedächtnisverlust[16] führen würde, doch dies ist ein anderer als der hier zu bearbeitende Diskurs. Postuliert werden kann, dass das Internet für den nicht exkludierten Teil der Weltbevölkerung[17] einen großen Teil der Wissensspeicherung übernimmt. So wird gesagt, dass man nicht mehr etwas Bestimmtes wissen muss, sondern es

---

[12] *Assange, J.: „Conspiracy as Governance". Das WikiLeaks-Manifest, Auf: http://le-bohemien.net/2010/12/09/exklusiv-das-wikileaks-manifest/ am 19.05.2011 um 11:55 Uhr.*

[13] *R. Pröve: Herrschaft als kommunikativer Prozess: das Beispiel Brandenburg-Preußen. In: M. Meumann & Pröve, R.: Wissen ist Macht, S. 11.*

[14] *Ebenda.*

[15] *Nach A. Assmann setzt sich das kollektive Gedächtnis aus dem kommunikativen und dem kulturellen Gedächtnis zusammen. Während das kommunikative Gedächtnis mittels oraler Weitergabe aktiviert ist und eine Zeitspanne von 80 Jahren umfasst, speist sich das kulturelle Gedächtnis aus dem schriftlich oder anderweitig fixiertem Wissen, wie z.B. mittels Ritus tradierten Formen, also vormals kommunikativem Gedächtnis. S.a. A. Assmann: Erinnerungsräume. Formen und Wandlungen des kulturellen Gedächtnisses, Beck 1999.*

[16] *S.: Jacke, Chr. & M. Zierold: The grass was always greener. Popkulturwissenschaft und Erinnerungsforschung: eine einleitende Konfrontation, Auf: www.sjschmidt.net/konzepte/texte/jacke-zierold.htm am 20.09.2011 um 11:35 Uhr.*

[17] *Damit ist jener Teil der Bevölkerung gemeint, dessen soziales Gefüge größtenteils über das Internet agiert und der durch den Nichtzugang zum Internetaus diesem ausgeschlossen ist und damit auf dieser Ebene nach Bourdieu seines sozialen Kapitals verlustig geht. Ein passender Vergleich, denn ich letztens in irgendeiner Zeitung lesen konnte und der sich auf die mobile Erreichbarkeit bezieht, ist, dass, wenn man mittels Mobile (engl. Kurzform für Mobilphone) kommuniziert, gefragt wird, wo man sich denn befinden würde, welches zu*

grundlegend sei, zu wissen, wie und wo man die bestimmten bzw. benötigten Informationen im Net[18] findet. In diesem Sinne benennt man das Internet und die sich auf ihm befindlichen Informationsbereitsteller[19] als Neue Medien[20] in der Kommunikationsstruktur und als Bestandteil der Massenmedien, deren Aufgabe es ist, die öffentliche Meinungsbildung durch Informationsbereitstellung zu fördern und damit gleichzeitig ein Partizipationsinstrument der Öffentlichkeit darzustellen[21]. Die Internetplattform WikiLeaks, die der gleichnamigen Organisation als Informationsbereitstellungsinstrument dient, ist somit als ein Vertreter der Neuen Medien anzusehen.[22] Die Notwendigkeit dieses Mediums speist sich aus der Krise des investigativen Journalismus und der Zusammenarbeit zwischen den klassischen Massenmedien/ Journalisten und Politikern, die im Folgenden behandelt wird.

2.2. Politik der Entpolitisierung der Macht

Neoliberalistische Tendenzen innerhalb der Berichterstattung führten zu einer Krise des investigativen Journalismus, welche in diesem Zusammenhang als einer der Katalysatoren zur Entwicklung und Entstehung von WikiLeaks betrachtet werden sollte. Assange äußerte sich dazu des Öfteren negativ über journalistische Leistungen, welche „infolge schlechter Ausstattung und Bezahlung ... eine unbestreitbare Tatsache"[23] darstellen.[24] Damit assoziiert werden kann die zunehmende Praxis von Journalisten im Rahmen von Exklusiv-Interviews mit Politikern deren *outputs / outcomes* nicht zu hinterfragen und unkommentiert weiterzugeben. Die so gewonnene *win-win-*

Zeiten der telefonischen Erreichbarkeit mittels Festnetz eine obsolete Frage darstellte.

[18] *Net kennzeichnet hier die Kurzform von Internet und wird, wenn es im folgenden genannt wird, synonym dazu verwandt.*

[19] *Zu diesen zählen auch die sozialen Netzwerke wie z.B. Facebook oder Twitter.*

[20] *Unter Neuen Medien versteht man im Kontext zu den Alten Medien, wie den Printmedien, angefangen bei den Büchern, Zeitungen, Zeitschriften usw., und den Funkmedien, Radio und Fernsehen, Massenmedien die internet- und mobilfunkgestützte Kommunikationskanäle benutzen, wobei diese auf Grund der theoretisch relativ schnellen Reaktionsfähigkeit des Empfängers mit dem Bereitsteller der Information als beidseitig gerichtet und offen bezeichnet werden können. Dadurch kann der diskursive Prozess der politischen Meinungsbildung weite und weitere Schichten und Bevölkerungsgruppen potentiell schneller erreichen und sie zur Beteiligung und Reintegration in diesen, als eine Form der politischen Partizipation, motivieren.*

[21] *S. Fußnote 14 und „Massenmedien haben die Aufgabe, die Öffentlichkeit zu informieren und Entscheidungsträgern die öffentliche Meinung kundzutun. Darüber hinaus wirken sie durch Kontrolle und Kritik an der Meinungsbildung mit."(Bundeszentrale für politische Bildung (Hg.): Massenmedien in der Reihe: Informationen zur politischen Bildung, Heft 309, 4/2010, S. 6).*

[22] *Aus diesem Grunde wird die Organisation und ihre Plattform im folgenden gemeinsam mit dem Namen benannt werden, wobei sich aus dem Kontext ergeben wird, ob von der Internetseite (auch Site genannt) oder der Organisation die Rede sein wird.*

[23] *G. Lovink & Riemens, P.: Zwölf Thesen zu Wikileaks, In: Edition Suhrkamp (Hg.): WikiLeaks und die Folgen. Die Hintergründe. Die Konsequenzen, Berlin 2011, S. 88.*

[24] *S. a. F. Stalder: WikiLeaks und die neue Ökologie der Nachrichtenmedien, In: WikiLeaks und die Folgen. Die Hintergründe. Die Konsequenzen, Berlin 2011, S. 96-109.*

Situation für Politiker und Journalisten ist als einer der Faktoren für die Politikverdrossenheit der Bevölkerung anzusehen und kann als *„embedded journalism"* bezeichnet werden.

Die Praxis des *„embedded journalism"*, im Sinne von „eingebettetem Journalismus", ist aus den Lehren des I. Weltkrieges über den Verlust des moralischen Rückhalts der Soldaten durch Ereignisse in der Heimat hervorgegangen und kann als eine Methode der Zensur angesehen werden[25]. Es handelt sich bei ihm um eine im Sinne der Militärs gedachte Kriegsdienstberichterstattung, um die öffentliche Meinung von der Notwendigkeit kriegerischer Handlungen zu überzeugen und überzeugt zu halten. Auch wenn Ellsberg diese mit der Veröffentlichung der „Pentagon-Papiere" temporär durchbrach[26], ist sie weiterhin reguläre Praxis, wie z.B. auch im 2. Golfkrieg sichtbar wurde.[27] Im genuinen Sinne des militärischen Gebrauchs bezeichnet sie die Praxis, TV-Journalisten in sogenannte „Kampfgebiete" zu begleiten, in denen sie Gefechte miterleben. Innerhalb dieser Berichte aus Schützengräben werden jedoch nur Kampfgeräusche und Bilder der eigenen Soldaten sichtbar und es wird kommentiert, dass diese Stellung aus einer bestimmten Richtung angegriffen werden würde. Für den Zuschauer am häuslichen Fernsehgerät ist es somit nicht mehr nachzuvollziehen, ob es sich um ein tatsächlich stattfindendes Gefecht handelt oder nur eine Stellung beim Übungsschießen zu sehen ist. In Frage gestellt wird dies zusätzlich durch den Umstand, dass die berichtenden Reporter nicht selten in aufrechter Position berichten.

Die mediale Darstellung, auch mit Blick auf die Asymmetrie des Krieges, welche dem Zuschauer auf diese Art vor Augen geführt wird, dient zur Beeinflussung der öffentlichen Meinung um weitere Kriegshandlungen rechtfertigen zu können.

Da die Zusammenarbeit mit der Presse seitens Politiker unter derselben Ausrichtung stattfindet, nämlich der Homogenisierung der Bevölkerung mit ihrer Politik ist dieser Begriff auch auf die Zusammenarbeit von Journalisten und Politikern anzuwenden[28].

Nach Hannah Ahrendt lässt sich in diesem Kontext schlussfolgern, dass die Presse nicht mehr frei ist, sondern korrumpiert wird, und deshalb nicht mehr als vierte Gewalt angesehen werden kann. Die ganze Meinungsfreiheit sei so zu einem entsetzlichen Schwindel mutiert, da das „Recht auf nichtmanipulierte Tatsacheninformationen" als „wesentlichste politische Freiheit" nicht mehr

---

[25] *Beispiele dafür bilden die Dolch-Stoß-Legende, die Zensur des Briefverkehrs im II. Weltkrieg, aber auch der Espionage-Act. Im Falle von letzterem wird geprüft, ob dieser auf Assange anwendbar sei.*

[26] *Ellsberg veröffentlichte 1971 in Zusammenarbeit mit der Presse die Pentagon-Papers, welche bewiesen, dass der Vietnam-Krieg aus anderen als der Bevölkerung vermittelten Gründen geführt wurde, wesentlich länger im Vorherein als öffentlich bekannt geplant worden war und auch nicht zu gewinnen sei. S.: Pitzke, M.: Washington beichtet letzte Vietnam-Lügen, auf Spiegelonline vom 09.06.2011 Auf: www.spiegel.de/politik/ausland/0,1518,767493,00html am 21.10.2011 um 10:45 Uhr.*

[27] *Im Rahmen des 2. Golfkrieges war es von Nöten, die Bevölkerung der USA zur Zustimmung zum Waffengang gegen den Irak zu bewegen. Dies wurde erreicht, indem die PR-Agentur Hill & Knowlton die 15-jährige Nayirah, Tochter des kuwaitischen Botschafters in den USA, als Krankenschwester verkleidet, vor dem UN-Plenum und in Anhörungen des US-Senats, von Gräueltaten der irakischen Armee an Babys berichten ließ, welche sie jedoch nie erlebt hatte. S.: O. V.: Irak. Der Weg in den Krieg, Auf: www.oelspuren.net/Kriege/Irak/irak.HTM am 5.10.2011 um 16:50 Uhr.*

[28] *S.a.: Video: "ARD-Insider erklärt, wie das Lügen im Ersten organisiert wird" mit Christoph Hörstel, vom 21.10.2011, Auf: http://haraldpflueger.com/de/blog/videos/60637-ard-insider-erklaert-wie-das-luegen-im-ersten-organisiert-wird.html am 21.10.2011 um 19:25 Uhr.*

geschützt werden kann.[29 & 30] Verstärkt wird dies durch Entscheidungsrechtfertigungen mit dem Argument der *ultima ratio*[31], durch welches der Öffentlichkeit die Möglichkeit der Einflussnahme mittels öffentlichen Diskurses von vornherein abgesprochen wird. Popper äußerte sich dazu, dass erst durch Diskurs Objektivität entsteht.[32] Das bedeutet in seiner Konsequenz, dass, wenn ein Teil der Betroffenen aus dem Diskurs herausgehalten, also exkludiert, wird, nur eine eingeschränkte Objektivität erreicht werden kann. Somit wird das Argument der *ultima ratio ad absurdum*[33] geführt, bzw. es müsste dann von einer *ultima ratio praepotentis*[34] die Rede sein. Seitens der Regierenden findet unter machiavellistischen und demokratischen Gesichtspunkten eine Entmachtung der Öffentlichkeit und damit der Bevölkerung statt. Dieses Phänomen wird als Politik der Entpolitisierung der Macht beschrieben.[35]

2.3. Herrschaftswissen & Intransparenz

Mit dieser Entpolitisierung verbunden ist ein weiteres Problemfeld, welches an dieser Stelle jedoch nur angeschnitten wird. Es ist die seitens der Bevölkerung wahrgenommene Auftrennung der Symbiose von Staat, als Organisationsform der Gesellschaft, und der Gesellschaft, insbesondere der Zivilgesellschaft, an sich, wobei diese doch eine grundlegende Voraussetzung für die Existenz und Weiterentwicklung eines Staates darstellt[36]. Diese Trennung, in Folge der Exklusion aus dem Meinungsbildungsprozess, verwässert demokratietheoretische Prinzipien. Anzumerken ist, dass zwischen Idealdemokratie und repräsentativer Demokratie unterschieden werden muss, da letztere

---

[29] *S. H. Ahrendt: Die Lüge in der Politik. Überlegungen zu den Pentagon-Papieren, In: Ders.: Wahrheit und Lüge in der Politik, München/Zürich, S. 7-43, S. 42., S. auch: M. Bunz: Das offene Geheimnis: Zur Politik der Wahrheit im Datenjournalismus, In: Edition Suhrkamp (Hg.): WikiLeaks und die Folgen. Die Hintergründe. Die Konsequenzen, Berlin 2011, S. 149.*

[30] *Zu beachten seien in diesem Kontext die Äußerungen von Innensenator Kauder, der sich für eine Beschränkung der Pressefreiheit ausspricht, S.: O. V.: Kauder will Verräter bestrafen, Auf n-tv am 02.09.2011, auf: www.n-tv.de/politik/Kauder-will-Verraeter-bestrafen-article4199561.html am 14.10.2011 um 14:15 Uhr.*

[31] *Lateinische Redewendung, sinngemäß als letztes Mittel des Verstandes zu übersetzen, allgemein als bestmögliche Lösung für Probleme verwendet.*

[32] *In diesem Sinne: „Ich kann mich irren und du kannst recht haben. Aber wenn wir uns bemühen, können wir gemeinsam der Wahrheit näher kommen." K. R. Popper: Die offene Gesellschaft und ihre Feinde, 8. Auflage, Tübingen 2003, S.263.*

[33] *Lateinisch für „in die Sinnlosigkeit bzw. Leere" und bedeutet, dass die so genannte vernünftige Lösung eine Sinnentleerung erfahren hat.*

[34] *Hier als letztes politisch-vernünftiges Mittel der Herrschenden im aristokratischen Sinne zu sehen.*

[35] *S. M. Bunz: Das offene Geheimnis: Zur Politik der Wahrheit im Datenjournalismus, In: Edition Suhrkamp (Hg.): WikiLeaks und die Folgen. Die Hintergründe. Die Konsequenzen, Berlin 2011, S. 148 fg.; P. Bourdieu: Gegen die Politik der Entpolitisierung. Die Ziele der europäischen Sozialbewegung, auf: http://www.trend.infopartisan.net/trd0102/t480102.html am 30.09.2011 um 17:32 Uhr. & M. Bunz: Datenjournalismus: Wie digitalisiertes Wissen unser Verhältnis zur Wahrheit ändert. Auf: http://berlinergazette.de/mercedes-bunz-wikileaks-wahrheit-hannah-arendt/ am 30.09.2011 um 17:45Uhr.*

[36] *S.a.: F. Tönnies: Gemeinschaft und Gesellschaft. Abhandlung des Communismus und des Socialismus als empirischer Culturformen, 3. Buch §29, Berlin, 1887 S.264-267,: auf http://www.deutschestextarchiv.de/toennies/gemeinschaft/1887/ am 10.09.2011 um 19:30.*

6

vom Wesen her eine Plutarchie[37] darstellt. Im Extremfall kann diese, bei für das Individuum genügend selbst- bzw. reflektiert wahrgenommenen Verlust der politischen Partizipationsfähigkeit am Staatsgeschehen, als Autokratie bzw. Diktatur interpretiert und angesehen werden. Über dieses Verhältnis von Wissen, Macht und Partizipationsfähigkeit an dieser äußerte sich schon Friedrich II. in folgender Art und Weise:

„Den Niederen sei es nicht genehm[igt] sich über die Befindlichkeiten der Oberen das Maul zu zerreißen, da sie nicht über deren Weitblick verfügen.“[38]

Damit untersagte er weiten Kreisen der Bevölkerung seines Herrschaftsbereiches über seine Politik zu urteilen und schloss Kritik an ihr aus diesen Kreisen aus.

Nach Herfried Münkler ist, in Anlehnung an die Webersche Definition des Territorialstaates[39], neben der Monopolisierung der Gewalt als Herrschaftsinstrument auch die erfolgreiche Monopolisierung des Wissens im Rahmen der Bürokratisierung und Kontrolle der Kommunikationskanäle, welche mit Ersterer Hand in Hand geht, anzusehen.[40] Und an diesem Punkt wiederum setzt die Kritik aus demokratietheoretischer Sichtweise an die gehandhabte Praxis an. Wenn Demokratie als Herrschaft des Volkes durch das Volk definiert wird, so ist das Monopol auf das Herrschaftswissen auf die Bevölkerung auszuweiten, wodurch es kein Wissensmonopol in diesem Sinne mehr geben dürfte. Wie im vorigen Abschnitt beschrieben, verhält es sich in der Realität anders. Zu verzeichnen ist, dass, neben der genannten Entpolitisierung, zunehmend versucht wird, das Herrschaftswissen auf weitere Bereiche, als die genuin Politischen, auszuweiten. In diesem Sinne wird das Interesse von staatlichen Institutionen auf Bereiche des Privaten und die Schaffung des „Gläsernen Bürgers" interpretiert, welche nach den Ereignissen des 11. Septembers 2001 auf der Basis des Schutzes der Bürger durch den Staat gerechtfertigt wird.[41]

---

[37] *Dies im Sinne, dass der politisch partizipierende Bürger über finanzielle und temporäre Grundlagen verfügen muss, welche ihm ermöglichen, sich Informationen zu beschaffen und diese auch zu verarbeiten.*

[38] *Friedrich II: Gesehen in einem Architektenbüro in Berlin-Kreuzberg und aus dem Gedächtnis zitiert.*

[39] *Weber definierte den Territorialstaat an Hand der Einheit folgender Kriterien: „ein anstaltsmäßiger Herrschaftsverband" mit legitimem Gewaltmonopol über die Bevölkerung innerhalb eines Territoriums und einer Bürokratie zur Verwaltung dieser. S.: Max Weber: Wirtschaft und Gesellschaft. Grundriß der verstehenden Soziologie. Studienausgabe, 5. Aufl., Tübingen 1980, S. 825, auf:*
http://www.zeno.org/Soziologie/M/Weber,+Max/Grundri%C3%9F+der+Soziologie/Wirtschaft+und+Geselscha ft/Zweiter+Teil.+Die+Wirtschaft+und+die+gesellschaftlichen+Ordnungen+und+M%C3%A4chte/Kaptel+IX. +Soziologie+der+Herrschaft/8.+Abschnitt.+Die+rationale+Staatsanstalt+und+die+modernen+politischen+P arteien+und+Parlamente+(Staatssoziologie)/%C2%A7+2.+Der+rationale+Staat+als+anstaltsm%C3%A4%C 3%9Figer+Herrschaftsverband+mit+dem+Monopol+legitimer+Gewaltsamkeit am 30.09.2011 um 19:03 Uhr.

[40] *S.: H. Münkler: Vom Nutzen des Geheimnisses. Auf: www.spiegel.de/spiegel/print/d-75476953.html am 30.09.2011 um 19:30 Uhr.*

[41] *In diesem Kontext bezieht sich dies auf die Versuche der US-Administration z.B. pgp als Verschlüsselungsprogramm von E-Mails zu verbieten und die Verbreitung zu unterbinden (s. M. Rosenbach & Stark, H.: Staatsfeind Wikileaks.*

7

Die gefühlte Trennung von Staat und Gesellschaft wird durch eine mit dem Herrschaftswissen korrespondierende Intransparenz seitens des Politikentscheidungsprozesses, seien es die Grundlagen, also die Informationen, die die Basis für diese Politikausrichtung geben, der Entscheidungsfindungsprozess per se, aber auch die dadurch fehlende Zuordnung von Abgeordnetenentscheidungen innerhalb dieses Prozesses und Möglichkeit seitens der Wähler Politiker mittels Wahlen abzustrafen, verstärkt. Daraus ergibt sich die in der Gesellschaft wiederfindende, auch auf andere Gebiete übergreifende, Forderung nach mehr Transparenz, welche ein demokratisches Grundprinzip darstellt. Die Legitimation des *whistleblowing* an sich ist hier zu verorten, denn die Informationsbereitstellung der reinen Fakten durch die Neuen Medien, welche durch ihre Darbietung Wahrheitsgehalt erlangen, erfüllt diese Forderung nach Transparenz und daraus folgender Partizipationsfähigkeit.

Nach den eben beschriebenen realgesellschaftlichen Verhältnissen in den westlichen Demokratien ist es notwendig, nun auf das Leben und den damit verbundenen wichtigen Entwicklungen im Denken des Julian Assange einzugehen, damit die Entstehung und Struktur von WikiLeaks erklärt werden kann.

Wie eine Gruppe von Netzaktivisten die mächtigsten Nationen der Welt herausfordert, Hamburg 2011, S. 49-50.), aber auch die aktuelle Debatte um die Existenz eines Bundestrojaners, der erheblich gegen die Richtlinien des Bundesverfassungsgerichts für ein solches Programm verstößt und in die Intimsphäre der Bürger eindringt, S.: O. V.: Der Bundestrojaner – dilettantisch und gefährlich, in Berliner Morgenpost vom 10.10.2011, Auf: http://www.morgenpost.de/politik/article1788470/Der-Bundestrojaner-dilettantisch-und-gefaehrlich.html am 17.10.2011 um 19:40 Uhr.
).

3. WikiLeaks und Julian Assange

> Wo Details über den inneren Ablauf in autoritären Regimes bekannt sind,
> sehen wir verschwörerische Interaktionen innerhalb der politischen Elite,
> nicht nur für Vorzugsbehandlung oder Begünstigung innerhalb des Regimes,
> sondern als hauptsächliche Planungsmethode hinter der Aufrechterhaltung
> und Verstärkung der autoritären Macht.
>
> *Julian Assange: „Conspiracy as Governance"*[42]

3.1. Die Person J. Assange

Über Assange ist zu erfahren, dass er 1971, nach R. Khatchadourian[43] „in einen Wirbel von Umzügen hineingeboren wurde"[44], 37 Wohnortwechsel in seinen ersten 13 Lebensjahren[45]. Die dadurch, auch von seiner Mutter nicht gewollte, unkontinuierliche Schulbildung, die sie mit dem Wunsch des „Verhindern[s], daß ihr Geist [der ihrer Kinder die Rede] gebrochen"[46] werden würde, wie sie in einem Interview mit Khatchadourian äußerte, und welche durch Haus- & Fernunterricht bzw. „auf informellen Wegen bei Universitätsprofessoren"[47] und seines eigenständigen Lesens ergänzt wurde[48], lässt schlussfolgern, dass Assange als Autodidakt bezeichnet werden kann. Ebenso kann postuliert werden, dass dies die Grundlage zu einer Sensibilisierung Assanges gegenüber Autoritäten bzw. der Problematisierung von Partikularinteressen bildete. Verstärkt wurde dies durch ein Verhalten, welches als Flucht bezeichnet werden kann[49] und als Folge eines Mixes von Verfolgungsängsten und Verschwörungsdenken gekennzeichnet ist, in der der Beginn der starken Unterscheidung von privaten und öffentlichen Belangen zu verorten ist.

In diese Menage einer relativen sozialen Exklusion innerhalb der näheren sozialen Umwelt und Integration in weitere Kreise[50] gehört auch die Phase, in welcher Assange seine ersten

---

[42] Assange, J.: „Conspiracy as Governance". Das WikiLeaks-Manifest, Auf: http://le-bohemien.net/2010/12/09/exklusiv-das-wikileaks-manifest/ am 19.05.2011 um 11:55 Uhr.

[43] Die folgenden in diesem Exkurs genannten Daten basieren, falls es keine Anmerkungen meinerseits oder anderweitige Quellen genannt werden auf dem Aufsatz von S. R. Khatchadourian: Keine Geheimnisse. Julian Assanges Mission der totalen Transparenz. Porträt eines Getriebenen, In: Edition Suhrkamp (Hg.): WikiLeaks und die Folgen. Die Hintergründe. Die Konsequenzen, Berlin 2011, S. 11-46. Es werden dabei wichtige Ereignisse, welche Katchadourian recherchiert hat, wiedergegeben, um das Verhalten, welches Assange bis zu seiner Verhaftung an den Tag legte und seiner Motivation zur Arbeit an WikiLeaks zu verstehen und offen zu legen.

[44] S.: R. Khatchadourian: Keine Geheimnisse. Julian Assanges Mission der totalen Transparenz. Porträt eines Getriebenen, In: Edition Suhrkamp (Hg.): WikiLeaks und die Folgen. Die Hintergründe. Die Konsequenzen, Berlin 2011, S. 28.

[45] S.: Ebenda.

[46] Ebenda.

[47] Ebenda.

[48] S.: Ebenda.

[49] S.: Ebenda, S.29.

[50] In Anlehnung an die Theorie der sozialen Kreise von Simmel, nach denen Personen durch die geographisch

Computererfahrungen & -(Er)kenntnisse tätigt. Seine autodidaktischen Fähigkeiten und seine genannte Individualisierung bilden die Basis für sein Streben nach Botschaften innerhalb der Quellcodes von Programmen zu suchen, Programme selber zu schreiben und mit dem Erhalt eines Modems die vorgenannte Suche in fremden Rechnersystemen mittels *Hacken*[51] zu erweitern. So findet er in der digitalen Welt eine Gruppe von Gleichgesinnten, bildet mit zwei anderen Hackern die „Internationalen Subversiven" und knackt mit diesen Netzwerke in Australien, Europa und Nordamerika, darunter auch einige des US-Verteidigungsministeriums. Im Rahmen einer Razzia, bei der seine gesamte Computerausstattung kurzfristig beschlagnahmt wurde, musste ihm der Straftatbestand, den das Hacken bildet, bewusst geworden sein, weshalb er beschloss, sich weniger auffällig in den fremden Netzen zu bewegen. Gleichzeitig müssen sich Überwachungs- und Verfolgungsphobien weiter bei ihm manifestiert haben, da er in dem Buch „Underground" über sein Synonym Mendax[52] schreibt, dass dieser „unentwegt von Polizeirazzien"[53] träumte. Zeitgleich und über sechs Jahre über den Strafprozess hinaus kämpften Assange und seine Mutter eine weitere juristische Schlacht um das volle Sorgerecht für seinen Sohn, in welcher sie sich „eine[r] riesige[n] Bürokratie, die [in ihren Augen] Leute zermalmte"[54] gegenüber stehen sahen. Mittels der von ihnen und weiteren Personen gegründeten „Parent Inquiry Into Child Protection" nutzten sie Guerilla-Techniken[55] um an Informationen seitens der Mitarbeiter der Kinderschutzbehörde zu gelangen und konnten schließlich mit Erfolg, nachdem sie eine für interne Abläufe gedachte Dienstvorschrift seitens eines Behördenangestellten erhielten, 1999 den Prozess für sich positiv beenden[56].

Seit 1996 spätestens ist Assange zu den kryptoanarchistischen Cypherpunks zugehörig zu zählen. Kryptoanarchisten, abgeleitet von Kryptographie, also der Verschlüsselung von digitalen

---

gegebenen sozialen Kreise eine Gruppensozialisation erhalten und eine Individualisierung der Persönlichkeit durch Kenntnis und Zuwachs von Kontakten zu anderen sozialen Kreisen und deren Denken und Regeln von statten geht.

[51] *Unter Hacken wird das illegale Eindringen in fremde Rechnersysteme und damit eine frühe Stufe von Cyberkriminalität verstanden.*

[52] *Den Namen Mendax gab sich Assange und wurde als dieser in der Hackerszene als „gewiefter Programmierer, der in die sichersten Netzwerke eindringen konnte" einen Namen. S.: R. Khatchadourian: Keine Geheimnisse. Julian Assanges Mission der totalen Transparenz. Porträt eines Getriebenen, In: Edition Suhrkamp (Hg.): WikiLeaks und die Folgen. Die Hintergründe. Die Konsequenzen, Berlin 2011, S. 30.*

[53] *S.: Ebenda, S. 32.*

[54] *Ebenda, S.34.*

[55] *Unter Guerilla-Techniken werden hier das Verteilen von Flyern mit der Aufforderung der informellen Informationsbereitstellung seitens der Mitarbeiter der genannten Institution und auch das inoffizielle Mitschneiden von offiziell geführten Gesprächen mit diesen mit der Berufung auf das australische Informationsfreiheitsgesetz. S. R. Khatchadourian: Keine Geheimnisse. Julian Assanges Mission der totalen Transparenz. Porträt eines Getriebenen, In: Edition Suhrkamp (Hg.): WikiLeaks und die Folgen. Die Hintergründe. Die Konsequenzen, Berlin 2011, S. 34.*

[56] *Es wurde eine Sorgerechtsvereinbarung zwischen der Mutter seines Sohnes und Assange ausgehandelt.*

Datensätzen, und der Anarchie[57], der Herrschaftslosigkeit, verfolgen radikallibertäre Denkweisen mit Sicht auf eine größtmögliche Eigenentscheidung des Individuums und der Sicherung der Privatsphäre als höchstem Gut und einem innerhalb seiner wenigen ihm zustehenden Aufgaben, wie den Schutz der Existenz der den Staat bildenden Individuen auch vor dem Staat, wahrnehmenden Staat. In diesem Sinne hätte sich der Staat auf eine „Enklave der Dinge-die-er-kontrollieren-kann"[58] zu beschränken, sich aus der Kommunikation der Bürger herauszuhalten, und diese zu schützen, nach der er aber ihrer Ansicht nach trachte um selbige, also die Bürger, zu kontrollieren. Um dies zu verhindern müssten alle privaten Informationen mittels kryptographischer Anwendungen, also Verschlüsselungsprogramme, codiert und für den Staat nicht decodierbar und somit vor ihm geheim gehalten werden. Wie weit sich Assange mit den Zielen der und den Kryptoanarchisten identifiziert wird sichtbar, wenn wir von Hofmann erfahren, dass er seine Cypherpunk-Mails meistens mit dem Zitat von C.S. Lewis

„Von allen Tyranneien ist eine Tyrannei, die aufrichtig das Beste für ihre Opfer will, vielleicht die repressivste. Es ist vielleicht besser, unter Räuberbaronen zu leben als unter moralischen Wichtigtuern. Die Grausamkeit des Räuberbarons schläft vielleicht auch manchmal, seine Habgier ist vielleicht auch einmal befriedigt; aber diejenigen, die uns zu unserem eigenen Besten quälen, werden uns endlos quälen, denn sie tun es im Einverständnis mit ihrem eigenen Gewissen."

signierte.[59]

Gleichzeitig lässt sich daraus schließen, dass Assange weit vor 2006 (s.o.) „nicht mehr die Auseinandersetzung zwischen Links und Rechts oder zwischen Glaube und Vernunft …, sondern die zwischen Individuum und Institution [für zentral hielt]"[60], und nicht wie Khatchadourian es impliziert in die Nähe dieses Datums mittels selbiger Aussage setzt. Von Bedeutung ist der

---

[57] *Über Anarchie gibt es unterschiedliche Foci und Interpretationsweisen. Die negative Darlegung spricht von einer Herrschaftslosigkeit, welche zu der Folge zu einer Gewaltherrschaft bzw. Herrschaft des Stärkeren führt. Mit dieser Sichtweise wird jedoch der Begriff der Anarchie ad absurdum geführt. In der positiven Auslegung des Begriffes ist die Herrschaftslosigkeit als absolute Freiheit der eigenen Person im Handeln und Denken anzusehen, und zwar in dem Sinne des Kantschen Imperativs und seiner Freiheitsräume. Demokratie wird definiert als die Herrschaft des Volkes, ist aber mit Berücksichtigung auf die Partizipationsfähigkeit, sei es mit Blick auf einen Entscheidungsfindungsprozess und die für diesen notwendige Informationsgewinnung benötigte Zeit oder die Finanzierung derselbigen, im eigentlichen Sinne eine Plutarchie. Auch wenn es Bestrebungen zur Partizipationsfähigkeit weiterer Einwohner gibt, müssen wir die Existenz von institutioneller Diskriminierung anerkennen. In diesem Falle handelt es sich um das Herrschaftswissen als benannte Diskriminante.*

[58] *N. Hofmann: Die Gegenverschwörer, In: Edition Suhrkamp (Hg.): WikiLeaks und die Folgen. Die Hintergründe. Die Konsequenzen, Berlin 2011, S. 49.*

[59] *S.: Ebenda.*

[60] *R. Khatchadourian: Keine Geheimnisse. Julian Assanges Mission der totalen Transparenz. Porträt eines Getriebenen, In: Edition Suhrkamp (Hg.): WikiLeaks und die Folgen. Die Hintergründe. Die Konsequenzen, Berlin 2011, S. 35.*

Sachverhalt, dass Assange die im Abschnitt 1.3. beschriebene Trennung von Staat und Gesellschaft wahrnimmt.

In Bezug auf die oben genannte These Khatchadourians lässt sich feststellen, dass die Trennung zwischen Individuum und Institution in die Zeit seiner Gerichtsprozesse, insbesondere des Sorgerechtsprozesses, zu verorten ist. Khatchadourian unterläuft hier der Fehler der Ansicht, dass die hiergenannte Links-Rechts-, Glaube-Vernunft- und Individuum-Institutions-Achsen ein kollineares Verhältnis[61] zu einander besitzen und er diese im eindimensionalen Bereich miteinander vergleichen kann. Dies stellt sich jedoch als Fehlschluss dar, da diese Achsen einen dreidimensionalen Raum wiedergeben.[62]

Des Weiteren lassen sich auch Schlussfolgerungen auf Assanges Persönlichkeit hieraus ziehen. Mit seinem Verhalten, welches er zeigt, entspricht er dem Bild des Narzissten. Dabei handelt es sich um eine Persönlichkeitsstörung, die sich durch mangelndes Selbstwertgefühl und dem Versuch des Ausgleiches durch Überkompensation auszeichnet.[63]

3.2. Von den Cypherpunks zu WikiLeaks

Im November 2006 veröffentlichte Assange „State And Terrorist Conspiracies" (Staatliche und Terroristische Verschwörungen) auf cryptome.org, welches unter dem Titel „*Conspiracy as Governance*" leicht verändert einen Monat später veröffentlicht und als WikiLeaks-Manifest bekannt wurde.[64]

Es lässt sich konstatieren, dass in *"State and Terrorist Conspiracies"* mehr verschwörungstheoretisches Denken seitens einer dritten Macht, welche sich aus korrupter Wirtschaft und Politik zusammensetzt[65], als Ausgangslage der Niederschrift anzusehen ist, während innerhalb „*Conspiracy as Governance*" beides eine geschlossene Einheit bildet. In der Schlussfolgerung der

---

[61] *Unter Kolinearität wird in der linearen Algebra das Verhältnis von Vektoren bezeichnet, die aufeinander liegen und somit identisch sind.*

[62] *In der Politikwissenschaft wird des Öfteren versucht, mehrdimensionale Verhältnisse auf eine Dimension abzuleiten, wobei ein Abstractum dargestellt wird, welches nicht unbedingt der Realität entspricht. Die drei von ihm angesprochenen Dimensionen entsprechen eher der klassischen Cleavage-Theorie nach Lipset und Rokkan.*

[63] *Auf die verschiedenen Typoi der narzisstichen Persönlichkeit wird hier nicht eingegangen. Nach DSM-IV auf* www.behavenet.com/capsules/disorders/narcissisticpd.htm *am 16.10.2011 um 17:45 Uhr.*

[64] *S.:* http://cryptome.org/0002/ja-conspiracies.pdf *am 02.08.2011 um 15:08. Und* http://finemrespice.com/files/conspiracies.pdf *am 02.08.2011 um 15:20.*

[65] *Als vergleichbares Beispiel dienen hier die Freimaurer. Allerdings sei dazu zu nennen, dass Roosevelt selbst Freimaurer war. U. U. lässt sich aber daraus auch der Unterschied zwischen Assanges beiden Manifesten erklären, in dem er diesen Aspekt beim Schreiben außer Acht gelassen hat. Die Nennung des Zitats von Julius Cäsar innerhalb der Darbietung des Hintergrundes könnte als verstärkendes Argument angesehen werden. Andererseits lässt es auch den Schluss zu, dass, mit Blick auf das demokratische Element der Volksherrschaft, dass Volk seine Kontrollfunktion vernachlässigt hat, wodurch sich die Regierung als eigener Akteur mit immer größerem Machtanspruch darstellt.*

Situation, in welcher das Individuum, also der einzelne Mensch gegenüber dem Staat und der Regierung steht, ist die Konsequenz für diesen die selbige: Er wird kontrolliert, von politischer Partizipation ausgeschlossen und ist dem willfährigen Gebaren der Institutionen des Staates ausgeliefert. Ch. Hammil äußerte sich dazu schon 1987 im Rahmen der Konferenz „The Future of Freedom":

„Obwohl eine Regierung jede Technologie zur Unterdrückung nutzt, liegt das Böse nicht in den Werkzeugen, sondern in dem Nutzer der Werkzeuge. Tatsächlich ist es aber die Technologie, die uns den vielversprechenden Weg zeigt, unsere Freiheit von denen zurückzuerobern, die uns die Freiheit gestohlen haben".[66]

Dies lässt sich, wie bei den Cypherpunks, mit Blick auf diesen Vortrag, nur umgehen, indem Verschlüsselungstechnologie zur Verfügung gestellt wird. Assanges Beitrag dazu war das in sich komplexe Programm *Rubberhose*, mit welchem Datenträger auf mehreren Ebenen verschlüsselt werden konnten, jedoch nur, wenn der Nutzer auf dem Betriebssystem NetBSD arbeitete und dadurch nicht angewendet werden konnte. Ein anwenderfreundliches Programm, welches auf der Idee Assanges basiert und auf allen gängigen Rechnersystemen funktioniert ist „Truecrypt".

Es lässt sich allgemein festhalten, dass das Verhalten, welches Assange bei der WikiLeaks-Entstehung zeigt, in der Tradition der Cypherpunks steht, denn das Offenlegen von Interna aus den Kommunikationskanälen schafft Störungen im Kommunikations- und Verarbeitungssystem. Während die Kryptographie das Abwehrschild gegen die Wissbegierigkeit des Staates darstellt, bildet WikiLeaks eine Sperrspitze gegen das *arcana imperii*. Und mit beiden ist er aus diesen frühen Tagen vertraut, denn als Phil Zimmermann das E-Mail-Verschlüsselungsprogramm „*Pretty Good Privacy*" (PGP) veröffentlicht, welches anscheinend auch die amerikanische Sicherheitsbehörde NSA nicht entschlüsseln kann, wird seitens der US-Regierung erwogen „die Verschlüsselung von E-Mails ... zu verbieten ... [und] ein Exportverbot für Krypto-Software"[67], womit PGP gemeint ist, erlassen. Jedoch ohne das erhoffte Ziel zu erreichen, da Zimmermann PGP als „Open Source"[68] kreierte und „den Programmcode einfach auf Papier [geschrieben] ... nach Europa"[69] schickte, wo dieser neuprogrammiert wurde. Die folgende Auseinandersetzung der beiden Parteien, vergleichbar mit David und Goliath, bezeichnete Assange als „Krypto-Krieg".[70]

---

[66] *S.: D. Borchers: Die Wurzeln von WikiLeaks. In: Edition Suhrkamp (Hg.): WikiLeaks und die Folgen. Die Hintergründe. Die Konsequenzen, Berlin 2011, S. 62.*

[67] *M. Rosenbach & Stark, H.: Staatsfeind Wikileaks. Wie eine Gruppe von Netzaktivisten die mächtigsten Nationen der Welt herausfordert, Hamburg 2011, S. 50.*

[68] *Open Source wird Software genannt, welche den Usern frei zur Nutzung und Verbesserung zur Verfügung gestellt wird.*

[69] *M. Rosenbach & Stark, H.: Staatsfeind Wikileaks. Wie eine Gruppe von Netzaktivisten die mächtigsten Nationen der Welt herausfordert, Hamburg 2011, S. 50.*

[70] *Ebenda.*

Und mit diesem Hintergrund schloß er die Anleitung zu „Rubberhose" mit: „Lasst uns Ärger machen"[71].

3.3. Die Idee WikiLeaks – Legitimation und Transparenzforderung

Es lässt sich festhalten, dass innerhalb der Computeraktivisten eine starke Sensibilisierung auf die im 1. Kapitel genannten politiktheoretischen Aspekte existiert, so z.b. im Streben nach Transparenz[72]. Dabei vertreten sie einen sehr radikalen Transparenzanspruch. Dieser speist sich aus ihrer Erfahrung mit den digitalen Codes und ihrer klaren, in sich strengen, Struktur und Erkenntlichkeit, welche auf die gesellschaftlichen Verhältnisse übertragen werden. In diesem Sinne gibt es nur noch die Unterscheidung in öffentliche und private Sachverhalte in einem klassischen Sinne. Öffentlich ist alles, was die Gesellschaft betrifft, während das Private nur das Individuum in seinen eigenen Belangen umfasst. Hieraus lassen sich auch die Veröffentlichungen der Banken-Dokumente erklären, denn auch wenn es sich um private Firmen handelt, agieren sie in der Öffentlichkeit und stehen damit in öffentlichem Interesse.

Die Idee zu WikiLeaks basiert auf dem theoretischen Aspekt des Rational-Choice-Ansatzes[73]. Wie der Name es schon verrät, wird davon ausgegangen, dass politische Meinungsbildung nur auf der Basis von Wissen, und den dazu nötigen Informationen, ermöglicht wird und dadurch politische Partizipation stattfinden kann. Die Einflussnahme auf bürokratische Akte infolge informellen Wissenserwerb durch *Whistleblowing*[74], in diesem Falle besser mittels *Leaking*[75] bezeichnet, welchen Assange persönlich erfahren und nutzen konnte[76], bilden die praktische Komponente. In der Vergangenheit hatte sich die Kombination von *Whistleblowing* und investigativem Journalismus im Rahmen der Printmedien unter dem Schutz des *Freedom of Information Act*[77] (FoIA) erfolgreich gezeigt, zu öffentlichen Diskussionen geführt und Politikwechsel[78] nach sich gezogen[79].

WikiLeaks sollte anfangs diese Aufgabe, die der Journalismus in Folge der Krise seines investigativen Arms durchlebt, übernehmen und wurde seitens Tracy Schmidt vom US-amerikanischen Nachrichtenmagazin *Time magazine*[80] als ein gleich bedeutendes Instrument wie der FoIA bezeichnet[81]. WikiLeaks sieht sich selbst nach einem Dogmenwechsel Anfang 2010 und der daraus folgenden Zusammenarbeit mit den klassischen Medien als Bereitstellungsinstrument von Informationen für den investigativen Journalismus. Und hier findet sich die Legitimationsgrundlage von WikiLeaks wieder. Auch wenn, wie im folgenden Abschnitt herausgestellt wird, es sich bei WikiLeaks um eine Single-Person-Organisation (SPO)[82] und damit nicht um eine demokratische Berufung (s. Wahl) handelt, sondern WikiLeaks eher als elitär anzusehen ist, bezieht es seine Legitimation auf der Basis des Bemühens um Schaffung von Transparenz mittels Informationsbereitstellung von inoffiziellen und geheimen Dokumenten für breitere Bevölkerungsschichten. Damit erhält WikiLeaks eine zivilisations- & demokratietheoretische Legitimation im Sinne der Partizipationsfähigkeit der und (Re-) Integration von Bevölkerungsteilen am politischen Entscheidungsfindungsprozess.

3.4. Struktur und strukturelle Probleme von WikiLeaks

„Wir planen, einen neuen Stern am Firmament der Menschheit zu platzieren."[83] Und dieser Stern wird seitens Assange kurz darauf mythologisiert, in dem er verlauten lässt, dass WikiLeaks von „chinesischen Dissidenten, Mathematikern und jungen Technologiebegeisterten aus Start-ups"[84] gegründet worden wäre und es sich damit nicht nur, hinsichtlich ihrer Zusammensetzung und Organisationsstruktur, um eine internationale sondern globale Organisation[85] handeln würde. Stark und Rosenbach konstatieren dazu, dass es sich bei WikiLeaks in der Realität um ein „Projekt von

---

elektronisch gespeicherte Daten die Einsichtsmöglichkeit durch den Bürger und die dazu nötige Archivierung gesetzlich verankert wurde.

[78] Hier wird nicht zwischen policies (Politikfeldern) politics (den Prozessen) und polities (den geltenden Normen) unterschieden.

[79] Wie z.B. die Pentagon-Papers 1971und die Iran-Kontra-Affäre im Jahre 1987.

[80] Eigentlich trägt das politische Wochenmagazin den Namen TIME, im allgemeinen Sprachgebrauch wird es jedoch Time magazin genannt.

[81] S.: www.time.com/time/nation/article/0,8599,1581189,00.html am 25.10.2011 um 13:45 Uhr.

[82] S.: auch G. Lovink & Riemens, P.: Zwölf Thesen zu Wikileaks, In: Edition Suhrkamp (Hg.): WikiLeaks und die Folgen. Die Hintergründe. Die Konsequenzen, Berlin 2011, S. 89.

[83] S. M. Rosenbach & Stark, H.: Staatsfeind Wikileaks. Wie eine Gruppe von Netzaktivisten die mächtigsten Nationen der Welt herausfordert, Hamburg 2011, S. 60.

[84] S.: Ebenda, S. 73.

[85] Es wird hier zwischen global und international unterschieden, da beide Begriffe nicht synonym verwendet werden können, da es keine beidseitige reziproke Beziehung zueinander gibt. So ist zwar alles globale auch international, aber alles internationale nicht gleich global.

digitalen Politaktivisten aus westlichen Demokratien"[86] handele. Zu dieser Aussage gelangen sie an Hand ihrer Analyse der von Assange genannten Mitglieder des Beratergremiums und der Herkunft des „Chinesischen Paketes"[87].[88] In diesem Sinne, mit Assange als Netzwerker und Projektmanager, wie er sich selbst bezeichnet und seine zentrale Rolle herunterspielt, handelt es sich bei WikiLeaks (WL) um eine Single-Person-Organisation mit Spinnennetzstruktur zu dem „harten Kern" um ihn herum und von dort aus zu den Unterstützern und Sympathisanten. Als zentrale Figur muss, auch wenn er es zu verschleiern versucht, Assange angesehen werden, da er die treibende Kraft bei der Entstehung von WikiLeaks ist. Dieses würde auch die These der narzisstischen Persönlichkeit von Assange bestärken, da WikiLeaks als ein Instrument zur Kompensation seines instabilen Selbstwertgefühls anzusehen ist, denn er bestimmt, was wann und wie veröffentlicht wird. Daran ändert auch nichts, dass bei der Entstehung von WikiLeaks Assange auf seine Verbindungen aus der Cypherpunkzeit, wie auch auf seine polarisierende charismatische Erscheinung, die ihn schnell Kontakte finden lässt, zurückgreift und Unterstützer mobilisieren und akquirieren kann. Als Beispiel dafür dient hier, dass er bei dem Initiator von cryptome.org John Young mit den Worten: „Wirst Du diese Person sein?" anfragte, ob er sich bereit erklären würde, „für ein Projekt zum massenhaften Veröffentlichen geleakter Dokumente, das jemanden mit Rückgrat braucht, der die Domain registriert", wobei „zu erwarten [sei], dass die Domain unter den üblichen politischen und rechtlichen Druck gerät".[89] Mit Young hat er dafür auch eine, in Folge seiner Erfahrung, prädestinierte Person angesprochen, da dieser auf chryptome.org schon ab 1996 „alles, was er in die Finger bekommt – vor allem geheime Dokumente" online stellt.[90] Dieser Fakt ändert jedoch nichts an seinem Führungsstil und so lässt sich vermuten, dass Assanges Unterstützer, wenn sie denn nicht direkt in den Veröffentlichungsprozess involviert sind, WikiLeaks einen guten Leumund zu bescheren.

Gleichzeitig spiegelt sich eines der Probleme WikiLeaks wider, es fordert Transparenz und ist selbst Intransparent. So fordert Assange, und mit ihm WikiLeaks, etwas, was er und es nicht zu leisten fähig ist. Es ist davon auszugehen, dass dieses zwei Ausgangspunkte besitzt. Zum einen ist

---

[86] S.: M. Rosenbach & Stark, H.: Staatsfeind Wikileaks. Wie eine Gruppe von Netzaktivisten die mächtigsten Nationen der Welt herausfordert, Hamburg 2011, S. 74.

[87] Bei dem „Chinesischen Paket" handelt es sich um ein Datenpaket, aus welchem die ersten Veröffentlichungen stammen und welche nicht geleakt worden sind, sondern aus Hackeraktivitäten stammen. S.: M. Rosenbach & Stark, H.: Staatsfeind Wikileaks. Wie eine Gruppe von Netzaktivisten die mächtigsten Nationen der Welt herausfordert, Hamburg 2011, S. 67-70.

[88] S.: M. Rosenbach & Stark, H.: Staatsfeind Wikileaks. Wie eine Gruppe von Netzaktivisten die mächtigsten Nationen der Welt herausfordert, Hamburg 2011, S. 61 u. ffg..

[89] M. Rosenbach & Stark, H.: Staatsfeind Wikileaks. Wie eine Gruppe von Netzaktivisten die mächtigsten Nationen der Welt herausfordert, Hamburg 2011, S. 60.

es die Trennung zwischen Öffentlich und Privat. Diese Trennung ist problematisch, denn wenn Politik als Ordnung des Soziallebens[91] angesehen wird, so ist politische Aktivität nur bei Gefahr für Leib und Leben anonym zu betreiben[92]. Diese Gefahr können die Mitglieder und Unterstützer von WikiLeaks für sich in Anspruch nehmen, wenn Gedankengänge und Äußerungen zur Eliminierung dieser von Geheimdienstlern und Konservativen wie S. Palin herangezogen werden.[93] Mit solchen und ähnlichen Bedenken über die persönliche und finanzielle Sicherheit von Parteimitgliedern fällte die Piratenpartei Berlin am 13.10.2011 den Beschluss zur Schaffung eines BezirksLiquids mit Klarnamenkennung, ein Novum innerhalb der Partei. Als zweiter Punkt ist ebenso die Herkunft des „Chinesischen Pakets" anzusehen. Da dieses aus Hackeraktivitäten stammt, können WikiLeaks und seine Mitglieder und Unterstützer berechtigt kriminalisiert und rechtlich belangt werden.

3.5. Legitimation vs. Legalität?

Während die Legitimation zur Datenfreigabe von geleakten Dokumenten im Abschnitt 2.1 aufgezeigt wurde, stellt sich die Frage der Legalität der freigegebenen Dokumente. Diese betrifft zwei Punkte. Erstens, den der Legalität der Freigabe an sich und zum Zweiten das Problem des „Chinesischen Pakets".

Da die bereitgestellten Dokumente vom Wesen her geleakt sein sollen und WikiLeaks als Neues Medium innerhalb der Massenmedien aufzufassen ist, stellt die Veröffentlichung von Ihnen zugetragenen Dokumenten keinen illegalen Akt dar[94]. Seitens der Personen, die die Daten WikiLeaks zukommen lassen jedoch verhält es sich anders. Denn sie durchbrechen ein Vertrauensverhältnis mit ihrem Arbeitgeber, wodurch sie mit Konsequenzen innerhalb ihres Arbeitsverhältnisses rechnen müssen. Ihr handeln ist in Abhängigkeit von der Rechtslage und dem

---

[90] *Ebenda, S. 55.*

[91] *S.: F. Tönnies: Gemeinschaft und Gesellschaft. Abhandlung des Communismus und des Socialismus als empirischer Culturformen, 3. Buch §29, Berlin, 1887 S.264-267,: auf http://www.deutschestextarchiv.de/toennies/gemeinschaft/1887/ am 10.09.2011 um 19:30 Uhr.*

[92] *Politik ist, wenn das Wesen von Politik die Ordnung des sozialen Miteinanders darstellt, meiner Meinung nach ein öffentlicher Prozess. Damit geht einher, dass jede politische Aktivität eine öffentliche Handlung darstellt und Anonymität nur bei berechtigter Gefahr für das eigene Leben akzeptiert werden kann.*

[93] *S.: D. Borchers: Die Wurzeln von WikiLeaks. In: Edition Suhrkamp (Hg.): WikiLeaks und die Folgen. Die Hintergründe. Die Konsequenzen, Berlin 2011, S. 58. & O. V.: Sarah Palin will WikiLeaks von Geheimdienst hacken lassen, Auf: http://www.golem.de/1012/79848.html am 08.11.2011 um 12:20 Uhr.*

[94] *Anzumerken sei, dass im Falle von WikiLeaks seitens schwedischer Verfassungsexperten im August 2010 geäußert wurde, dass der Quellenschutz für klassische & Internet-Medien und damit ihre Journalisten gelte, wenn diese über ein Herausgabeberechtigung (Utgivningsbevis), eine Spezial-Lizenz in Schweden, verfügten. Damit wurde dieser Anspruch für J. Assange und WikiLeaks negiert. Assange reagierte daraufhin und erklärte für eine schwedische Zeitung zu arbeiten und reklamierte somit den schwedischen Quellenschutz für WikiLeaks. S.: O. V.: WikiLeaks; auf Wikipedia.de, Auf: http://de.wikipedia.org/wiki/Wikileaks am 16.10.2011 um 17:45 Uhr.*

öffentlichen Interesse sowie dem Kontext der Veröffentlichung nach als legal bzw. illegal einzustufen. Im Falle Bradley Mannings, dem potenziellen Zuträger der Dokumente zum Irak- und Afghanistan-Krieg sowie der *cable-gates*, verhält es sich sogar so, da er Geheimnisträger war und Soldat ist, dass bei ihm sogar das Kriegsrecht angewendet werden könnte. Auf der selbigen Grundlage, trotz des FoIA, basiert die Überlegung, ob auf J. Assange und WikiLeaks ein Gesetz aus dem 1. Weltkrieg[95] Anwendung finden solle, wodurch die Veröffentlichung als illegale Handlung geahndet werden könne. Die Problematik der Legalität der Veröffentlichung wird jedoch bei dem sogenannten „Chinesischen Paket" sichtbar. Dabei handelt es sich um über eine Million Dokumente die aus Hacker-Aktivitäten hervorgingen. Da bei Ihnen das Element des *whistleblowing* fehlt und *hacken* als *Cyber-Crime* anzusehen ist, fehlt hier jegliche legale Grundlage. Doch genau aus diesen Daten bestanden wohl die ersten Veröffentlichungen. Das bedeutet, wenn dem so ist, dass diese Veröffentlichungen illegalen Charakter in sich tragen, weshalb WikiLeaks belangt werden könnte. In Mitleidenschaft dadurch würde jedoch auch das TOR-Netzwerk[96] gezogen werden, welches zum anonymen Surfen und Datentransfer gedacht ist. Ein Punkt der zu Zerwürfnissen innerhalb der WikiLeaks-Unterstützer führte, hier aber nicht weiter behandelt werden soll.

---

[95] *Gemeint ist hier der espionage-act.*

[96] *TOR steht für The Onion Router und basiert auf einer Struktur, die die Kommunikation von zwei Rechnern über zwischengeschaltete Rechner ermöglicht, wobei nur der empfangene und sendende Rechner jeweils erfährt, von wem und an wen Daten transferiert wurden. Durch dieses System wird die Anonymität des Surfens gewährleistet. Auch WikiLeaks benutzt dieses Netzwerk zur Verschleierung der benutzten Kommunikationskanäle bei der Gewährleistung der Anonymität der Personen, die geleakten Dokumente zur Verfügung stellen.*

4. WikiLeaks und Ereignismanagement

> „Wenn wir uns eine autoritäre Verschwörung als ein Ganzes ansehen,
> sehen wir ein System interagierender Organe, eine Bestie mit Arterien und
> Venen, dessen Blut verdickt und verlangsamt bis es fällt, betäubt; unfähig die
> Kräfte in seiner Umgebung ausreichend zu verstehen und zu kontrollieren."
>
> *Julian Assange: „Conspiracy as Governance"* [97]

4.1. Strategie – Taktik – Friktionen bzw. Taktik als Ereignismanagement

Um die Problematik der WikiLeaks-Veröffentlichungen in Zusammenhang mit Ereignis-Management setzen zu können, ist es notwendig, selbiges zu definieren. Ich selbst kenne den Begriff zum einen aus einer Businessplanerstellung, zum anderen aus dem Veranstaltungs-Management, also jeweils aus dem Wirtschaftsbereich. Innerhalb eines Businessplanes wird unter Ereignismanagement verstanden, wie auf ein spontan eintretendes, nicht näher definiertes Problem reagiert werden soll. In diesem Kontext werden die Begriffe Ereignis-, Krisen- & Notfall-Management synonym verwendet. Innerhalb des Veranstaltungs-Managements (engl. Begriff dafür ist *event-management*) behandelt dies Planungsaspekte, wie einen temporären Ablaufplan und die mit Finanzen verbundenen Teile wie z.B. Werbung, Räumlichkeiten, nötige Installationen und notwendige Versorgungsleistungen, die für einen reibungslosen Ablauf des Ereignisses, bzw. in diesem Falle besser der Veranstaltung, zu leisten sind.

Dies angewandt auf eine politikwissenschaftliche Sichtweise verstehe ich unter Ereignismanagement das Handling der Politikvermittlung, einerseits langfristig, also der Strategie und kurzfristig im taktieren [98], welches sich in Folge von Friktionen [99] als notwendig erweist.

Die WikiLeaks-Veröffentlichungen, die die Durchbrechung eines Wissensmonopols mittels Informationsbereitstellung darstellen, würden im Clausewitzianischem Verständnis den Friktionen zugeordnet werden [100]. Das bedeutet, dass der Schwerpunkt dieses Kapitels auf dem Taktieren in Folge des Wirkens von nicht vorhersehbaren Offenlegungen von Informationen liegen wird.

---

[97] *Assange, J.: „Conspiracy as Governance". Das WikiLeaks-Manifest, Auf: http://le-bohemien.net/2010/12/09/exklusiv-das-wikileaks-manifest/ am 19.05.2011 um 11:55 Uhr.*

[98] *S.: C., Clausewitz von: Vom Kriege 3.Buch, Auf: www.carlvonclausewitz.de/vom-kriege am 02.11.2011 um 10:29 Uhr.*

[99] *S.: C., Clausewitz von: Vom Kriege 1.Buch, Auf: www.carlvonclausewitz.de/vom-kriege am 02.11.2011 um 10:34 Uhr.*

[100] *S.: Ebenda.*

4.2. Wiki-Leaks und die *cable-gates*

Wie schon in der Einleitung genannt, wird die Ansicht vertreten, dass es sich bei dem Ereignis-Management des US-Außenministeriums in Bezug auf die *cable-gates* um ein der eigenen Arroganz geschuldetes Missmanagement handelte. Basis dafür liefern die die folgenden Punkte:

Im Rahmen der Veröffentlichungen der *„Afghan War Diarys"* wurde seitens Wiki-Leaks auch die Offenlegung der *cable-gates* angekündigt. Das bedeutet, dass das US-Außenministerium vorgewarnt hätte sein müssen. Dieser Umstand wäre vergleichsweise mit „einem Schuss vor den Bug" abzutun gewesen, da WikiLeaks mit dem Datum der Veröffentlichung der *cables* für den 28.10.2011 auf Twitter selbst geleakt wurde. In Folge dessen wurde am 26.10.2011 der *War-Room* des US-Außenministeriums[101] aktiviert und auf den Punkt Null der Veröffentlichung gewartet. Ein Punkt, der jedoch nicht so sehr in der Öffentlichkeit bekannt ist, ist jener, dass dem US-Außenministerium die Durchsicht der *cables* angeboten wurde.[102] Und zwar unter dem Gesichtspunkt der an WikiLeaks geübten Kritik des nichtgewährleisteten Schutzes von involvierten Dritt-Personen. So sollte die Sichtung der Dokumente dem US-Außenministerium die Chance ermöglichen, die diese Personen betreffenden Daten zu schwärzen und deren Sicherheit der eigenen Person gewährleisten. Damit hat das US-Außenministerium als staatliche Institution im Rahmen der Schutzfunktion des Staates gegenüber seinen Staatsbürgern und ihrer moralischen Verpflichtung gegenüber Informationszuträgern versagt. Dies mag einerseits aus Gründen der Staatsräson ge-schuldet sein, „mit Personen, die sich illegal Material beschafft hätten"[103] zu kooperieren, wird aber wiederum durch selbige Räson in Folge der Brisanz der Dokumente, welche eine Zusammenarbeit erforderlich gemacht hätte, verworfen.[104] Als Präventionsmaßnahme zur Verminderung weiterer Lecks innerhalb der Kommunikationsstruktur wurden die Verbindungen zwischen den Rechnern des US-Außen- und des US- Verteidigungsministeriums gekappt.[105]

Während also die Durchsicht der veröffentlichten Dokument nach brisanten Inhalten, die Kontaktaufnahme mit den betroffenen Personen zwecks Entschuldigungsdarbietung bei diesen oder die Gründung der „WikiLeaks Task Force", einer Arbeitsgruppe innerhalb der CIA, nur noch der

---

[101] *Der War-Room stellt einen hermetisch abgesperrten, abhörsicheren, fensterlosen Bereich innerhalb des US-Außenministeriumsgebäudes dar, in den keine tragbaren elektronischen Kommunikationsmedien erlaubt sind. S.: M. Klingst: Aspirin in der siebten Etage, In: Die Zeit Nr. 50 vom 09.12.2010, S. 5.*
[102] *S.: D. Domscheit-Berg: inside WikiLeaks. Meine Zeit bei der gefährlichsten Website der Welt, Berlin 2011, S. 258.*
[103] *Ebenda.*
[104] *Hier wird die Kriminalisierung WikiLeaks sichtbar.*
[105] *S.: O. V.: US-Außenministerium kappt Datenzugang, Auf: Stern.de vom 30.11.2010, Auf: www.stern.de/panorama/nach-wikileaks-enthüllungen-us-aussenministerium.kappt-datenzugang-1629612.html, am 13.11.2011 um 14:45 Uhr.*

Schadensbegrenzung bzw. –aufarbeitung dienen, handelt es sich bei den folgenden Punkten um direkte Versuche der Unterbindung von Veröffentlichungen durch WikiLeaks. Diese wurden jedoch schon im Jahre 2008 von dem CIA-Analysten Horvath[106] in einem Dokument, welches ironischerweise auch auf WikiLeaks nachzulesen war, vorgeschlagen. Beschreiben lassen sich die folgenden Aktivitäten der konträren Lager als (kleiner) Cyber-Krieg mit Reaktion und Gegenreaktion und werden deshalb nur kurz genannt.[107]

So wurden am 28.11.2010 DDoS-Angriffe[108] auf WikiLeaks durchgeführt, wodurch die Seite temporär nicht erreichbar war. Seitens „Anonymous", einer Gruppe von Internetaktivisten[109], erfolgte daraufhin die Ausweitung der Operation PayBack[110] auf Unternehmen, welche die

---

[106] S.: Horvath, M. D.: U.S. Intelligence planned to destroy WikiLeaks, vom 18.03.2008, Auf: http://wlstorage.net/file/us-intel-wikileaks.pdf am 3.11.2011 um 10:13 Uhr.

[107] Diese implizierte Eindimensionalität von pro- & contra WikiLeaks sollte jedoch nicht darüber hinwegtäuschen, dass hier unterschiedliche Akteure aus unterschiedlichen Bereichen und Motivationen tätig werden. Aus diesem Grunde sollten Analysen, die auf die Geschehnisse um WikiLeaks im internationalen Rahmen eingehen, nicht nach den Multi-Level-Governance-theoretischen Ansätzen von Arthur Benz aus dem Jahre 2004, sondern nach den Multi-Level-Framework-Ansätzen von Jeffery, Keaton, Hocking und Soldatos vollzogen werden. Begründet wird dies damit, dass die Multi-Level-Governance-Theorie in ihrer Urform noch zu viele Ansätze einer Regulierung „von oben" in sich trägt, während die Multi-Level-Framework-Ansätze den Netzwerk-Charakter der globalen, nationalen und sub-nationalen Akteure und ihre jeweiligen Verortungen innerhalb der verschiedenen Ebenen am nächsten widerspiegeln. Die Kritikpunkte greift A. Benz in der 2. Edition seines Werkes: Governance – Regieren in komplexen Regelsystemen. Eine Einführung, 2. aktualisierte und veränderte Auflage, Wiesbaden 2010 im 6. Kapitel auf, kann ihnen meiner Meinung nach aber in der Konsequenz nicht gänzlich folgen. Dieses Problem dürfte jedoch theorie-immanent-basiert sein, da die stark gegliederte Struktur der Ebenen bei Benz in Folge der Komplexität an Bedeutung verliert. Zum Vergleich jeweils A. Benz: Mulitlevel Governance in Mehrebenensystemen, In: Ders.: Governance – Regieren in komplexen Regelsystemen. Eine Einführung, Wiesbaden, 2004, S. 125-143; bzw. A. Benz & Dose, N.: Governance – Regieren in komplexen Regelsystemen. Eine Einführung, Wiesbaden, 2007, S. 111-131; Hocking, B.: Patrolling the ‚Frontier': Glocalisation, Localization and the Actorness of Non-Central Governments, 1999, In: Aldecoa, Francisco und M. Keating (Hrsg.): Paradiplomacy in Action. The Foreign Relations of Subnational Governments, London: Frank Cass:17-39; Jeffery, Ch.: Sub-National Mobilization and European Integration: Does it Make Any Difference?, 2000, In: Journal of Common Market Studies, Jahrgang 38, Nr. 1, S. 1-23; Keating, M.: Regions and International Affairs: Motives, Opportunities and Strategies, 1999, In: Aldecoa, Francisco und M. Keating (Hrsg.): Paradiplomacy in Action. The Foreign Relations of Subnational Governments, London: Frank Cass:1-16; Soldatos, P.: An Explanatory Framework fort he Study of Federated States as Foreign-policy Actors, 1990, In: Michekmann; H. J. & Soldatos, P. (Hrsg.): Federalism and International Relations. The Role of Subnational Units. Oxford: Clarendon Press: 34-53.

[108] DDoS steht für Distributed Denial of Service. Bei den genannten Attacken werden von verschiedenen Stellen und Rechnern zeitlich abgestimmt eine Vielzahl von Datenanfragen gesendet, in Folge derer der Server überlastet wird und der Datentransfer zum Erliegen kommt.

[109] Unter Anonymous ist eine Internetbewegung zu verstehen, welche sich gegen Beschränkungen der Meinungsfreiheit im Netz einsetzt. Bekannt wurde sie durch DDoS-Angriffe auf scientology und im Rahmen der WikiLeaksvorgänge. Während sie sich anfänglich unpolitisch sahen, findet seit den Ereignissen eine Politisierung der Bewegung statt. Sie verstehen sich selbst als Organisation ohne Hierarchie. Eine dementsprechende Organisationsplattform, wie sie z.B. durch anonnews.org gegeben ist, ermöglicht auf dem Subsidiaritätsprinzip basierend, den einzelnen Akteuren sich gegenseitig zu Gruppen zu bilden und aktiv zu werden. Hier finden wir eine Gemeinschaftsstruktur wieder. Mit dem 18.12.2010 wollte Anonymous ihre Aktivitäten aus der digitalen Welt auf die analoge Welt ausweiten. Daher lässt sich vermuten, dass Verquickungen zwischen Anonymous und der occupy-Bewegung bestehen. Parallelen innerhalb der Struktur beider Bewegungen sind sichtbar.

[110] Unter der Operation PayBack wurden anfangs DDoS-Angriffe gegen Unternehmen, welche sich für

21

Zusammenarbeit mit WikiLeaks beendeten. Seitens des Vorsitzenden des Senats-Ausschusses für nationale Sicherheit J. Liebermann wurden Ausschussmitarbeiter auf private Firmen, wie z.b. Amazon angesetzt. So ist auch, wenn es die betreffenden Unternehmen abstreiten und sich auf ihre Vertragsbedingungen berufen, im Falle von Amazon der Verstoß gegen die Eigentumsrechte seitens WikiLeaks, davon auszugehen, dass direkter politischer Druck auf diese ausgeübt wurde. Das Spiegeln der WikiLeaks-Dokumente stellt eine Folgereaktion seitens der WikiLeaks-Organisatoren & -Unterstützer dar, welche befürchteten, dass die Dokumente aus dem Netz verschwinden könnten. Gleichzeitig zeigt sich aber auch, dass das Internet als ein autarkes Kommunikationssystem anzusehen ist, welches nur unter Anwendung autoritärer oder international unter den Ländern abgestimmter einheitlicher Reglementierung kontrolliert und reguliert werden kann[111]. Als eine weiterer Versuch WikiLeaks zu zerstören, sind die Maßnahmen zu verstehen, in dem die finanziellen Zugänge mittels der Sperrung von PayPal-Konten, als auch seitens master-& ec-Card versiegen sollten. Das WikiLeaks unter den genannten Maßnahmen einen erheblichen Spendenverlust zu verzeichnen hat, birgt die Möglichkeit des Endes von WikiLeaks durch finanziellen Ruin, auch wenn alternative Spendenzugangskanäle eröffnet worden sind. So wurde seitens WikiLeaks im Oktober 2011 die Veröffentlichung von Dokumenten ausgesetzt, nachdem schon im September 2010 die *upload*-Funktion[112] deaktiviert worden war. Eine ebenso große Gefahr für WikiLeaks stellen, auf Grund der hierarchischen Struktur der Organisation, die Vergewaltigungsvorwürfe und das gegen Assange wegen Geheimnisverrats angestrebte Verfahren zur Auslieferung an die USA dar. Der Verlust der Führungsperson in SPO's würde, wenn dieses Vakuum nicht durch eine charismatische[113] Figur aufgefüllt wird, auch zum Ende selbiger führen. Innerhalb des Fazits der Arbeit wird der Punkt der Zukunftsoptionen von WikiLeaks wieder aufgegriffen und kurzweilig behandelt werden. Konstatieren lässt sich an Hand der Ablehnung der Durchsichtsmöglichkeit der *cables*, der Angriffe auf WikiLeaks, und den Personen dahinter, auf

---

Urheberschutzrechte einsetzen und für DDoS-Angriffe auf torrent-Webseiten, die zum Download von Filmen, Programmen und Musik angedacht sind, Verantwortung tragen, zu verstehen, welche dann ausgedehnt worden sind.
[111] *S.: E. Morozov: Kluge Diktatoren, in Süddeutsche Zeitung Nr.59 vom 12./13.03.2011, Seite 13.*
[112] *Informationsübertragungen zwischen Computern finden auf unterschiedlichen Wegen statt, in der Regel entweder über ein Intra- oder das Internet. Eine direkte Verbindung zwischen 2 Rechnern via fire-wire stellt vom Prinzip die kleinste Form eines Intranetzes dar. Dabei übernehmen beide Computer gleichzeitig Server-Funktion. Das Grundprinzip, egal ob innerhalb einer Anwendung, also eines Programms, Daten abgerufen oder zur Verfügung gestellt werden, findet ein Datentransfer statt. Dieser zweigerichtete Transfer wird unterschieden in seiner Richtung, zu einem anderen Rechner hin wird dies als upload, und von diesem kommend als download bezeichnet. Findet der Transfer über das Internet statt, so wird auch der Begriff des streamens benutzt.*
[113] *Unter Charisma wird nach Weber die Zuordnung einer Persönlichkeitsqualität, aus der eine allseits anerkannte Entscheidungsgewalt hervorgeht, verstanden. S.: M. Weber: Wirtschaft und Gesellschaft. Kapitel III. Die Typen der Herrschaft. § 10: Charismatische Herrschaft, auf: http://www.textlog.de/7415.html am 29.10.2011 um*

unterschiedlichen Ebenen, dass das Krisenmanagement des US-Außenministeriums bzw. des politischen Systems der USA auf der Kriminalisierung von WikiLeaks und seinen Unterstützern beruht.[114]

4.3. Die FDP und ihr Problem mit dem "Maulwurf"

In Zusammenhang mit den *cable-gates* soll das Ereignis-Management der FDP um einen „aufstrebenden Parteigänger"[115] in ihren Reihen zum Vergleich mit dem des US-Außenministeriums dargestellt werden.

Am Morgen des 29.11.2010 wird innerhalb einer Präsidiumssitzung die Forderung nach Aufklärung des in den *cable-gates* als „gut platzierten Quelle"[116] bezeichneten Informationszuträgers innerhalb der Führungsriege der FDP aufgeworfen, welche im Folgenden als „Maulwurf"[117] bezeichnet wurde und hinter der sich die Person des Helmut Metzners verbarg.[118] Interessant erscheint hier die Tatsache, dass er, der ja auch an diesem Tage anwesend war, sich daraufhin nicht meldete, sondern in einem vis-a-vis-Gespräch geäußert haben soll, dass man sich aber mit den Amerikanern noch unterhalten dürfe?[119]. Denn es zeigt auf, dass er zu begreifen begann, dass er gegen ihm unbekannte Richtlinien verstoßen haben könnte.[120] Interessant hierbei ist, dass Westerwelle als FDP-Präsident ohne weiteres Hinterfragen nach Tripolis in Lybien flog, um sich dort mit Ghaddafi zu treffen. Eine Reise, die ihm, als Parteivorsitzender schon „angeschlagen"[121], innerhalb Deutschlands einen weiteren Ansehensverlust erleiden ließ. Als er am 30.11.2010 von dort wiederkehrte, scheint er die Reaktionen auf selbigen mindestens auszuloten gewesen sein, da er zwar verlauten ließ, dass „der „Maulwurf" [122] doch einen „guten Job" [123]

12:10 Uhr.
[114] *Verstärkend sei hier hinzugefügt, dass seit dem 14.12.2010 das US-Bundesgericht von Virginia die Herausgabe von Daten über WikiLeaks-Unterstützer im Rahmen laufender Ermittlungen seitens Twitter, einem sozialen Netzwerk, welches auf der Ebene des Mikrobloggings arbeitet, forderte und mit dem 11.11.2011 eine Berufung seitens drei Unterstützern gegen die Datenfreigabe verwarf. S.: O. V.: Twitter muss Daten von WikiLeaks-Helfern herausgeben, auf heise-online am 11.11.2011, Auf: www.heise.de/newsticker/meldung/Twitter-muss-Daten-von-Wikileaks-Helfern-herausgeben-1377449.html am 16.11.2011 um 10:21 Uhr.*
[115] *P. Blechschmidt & Fried, N.: Unterirdisch, in Süddeutsche Zeitung, Nr. 286 vom 10.12.2010, Seite 3.*
[116] *S.: G. Repinski & Schmidt, W.: Guidos Guillaume enttarnt, auf: www.taz.de/FDP-Spion-outet-sich/!62225/ am 26.10.2010 um 13:45 Uhr.*
[117] *P. Blechschmidt & Fried, N.: Unterirdisch, in Süddeutsche Zeitung, Nr. 286 vom 10.12.2010, Seite 3.*
[118] *Ebenda.*
[119] *Ebenda.*
[120] *Verstärkend dürfte dahin gewirkt haben, dass Brüderle, Vizevorsitzender der FDP, sogar mit der Forderung nach eidesstattlichen Erklärungen erfahren wollte, wer der Informationszuträger der Amerikaner sei. S.: Ebenda.*
[121] *P. Blechschmidt & Fried, N.: Unterirdisch, in SZ, Nr. 286 vom 10.12.2010, Seite 3.*
[122] *Ebenda.*

gemacht hätte und mit Entwicklungshilfeminister Niebel den Vorfall herunterzuspielen versuchte, welcher dies als „ganz normales tägliches Geschäft"[124] bezeichnete. Gleichzeitig jedoch Biesel, einen Staatssekretär im Auswärtigen Amt, beauftragte, herauszufinden, wer der freigiebige Informationszuträger sei. [125] Was danach folgte, war in Sachen Ereignis- oder besser Krisenmanagement schlichtweg eine Katastrophe. Zwei Tage nach der Rückkehr Westerwelles kann Biesel mit Erfolg melden, dass er die Identität des Maulwurfes kenne. Es handele sich dabei um den Büroleiter des Bundesparteivorsitzenden Helmut Metzner, welcher in gegenseitigem Einverständnis von dieser Funktion entbunden worden sei, aber weiter als Mitarbeiter beschäftigt werden solle.[126] Es folgen innerparteiische Diskussionen, die von Loyalitätsbekundungen zu Metzner bis zu der Forderung des Rauswurfes reichen. Keine Woche später wird die FDP verlauten lassen, dass sich die Partei von Metzner, wiederum in gegenseitigem Einverständnis, trennen werde. Es ist zu vermuten, dass, mit Blick auf das kommende Verhalten von Metzner, wie auch die Mitteilung der Bundesanwaltschaft, „dass ihr Vorermittlungsverfahren wegen des Verdachts des Landesverrats und der Spionage eingestellt werde"[127], selbiger geopfert wurde, um die Position Westerwelles innerhalb seiner Partei zu stärken. Damit bewies Westerwelle jedoch, dass er nicht über den Schneid verfügte, Entscheidungen durchzusetzen, den er für sich postuliert hatte[128] und sich schützend vor seinen Mitarbeiter stellte, der vermutlich in seiner Position als Büroleiter und im Interesse seiner Partei die Gespräche mit den Amerikanern führte.

4.4. Krisenmanagements im Vergleich

Im Vergleich der beiden beschriebenen Krisenmanagements lässt sich festhalten, dass beide katastrophal geführt wurden. Die Schuldzuweisungen und Kriminalisierungsversuche an Metzner und WikiLeaks, die in der Einleitung genannt wurden, sind dem Versuch geschuldet, Ansehensverluste möglichst minimal zu halten. Während innerhalb des Managements des US-Außenministeriums die Fehlentwicklung schon in der Ablehnung der Möglichkeit der Durchsicht

---

[123] *Ebenda.*
[124] *S.: M. Lohre: Wir haben es nicht böse gemeint, in TAZ vom 3.12.2010 auf www.taz.de/FDP-verteidigt-US-Informanten-/!62282/ am 22.10.2011 um 15:17 Uhr.*
[125] *P. Blechschmidt & Fried, N.: Unterirdisch, in Süddeutsche Zeitung, Nr. 286 vom 10.12.2010, Seite 3.*
[126] *Ebenda.*
[127] *S.: O. V.: Der „Maulwurf" fühlt sich um seinen Arbeitsplatz beraubt, auf Stern.de am 16.02.2011, Auf: www.stern.de/politik/deutschland/helmut-metzner-im-stern-interview-der-maulwurf-fuehlt-sich-seines-arbeitsplatzes-beraubt-1654397.html am 26.10.2011 um 11:15 Uhr.*
[128] *O. V.: Ihr kauft mir den Schneid nicht ab, in Süddeutsche Zeitung vom 14.03.2010, Auf: www.sueddeutsche.de/politik/westerwelle-auf-dem-nrw-parteitag-ihr-kauft-mir-den-schneid-nicht-ab-1.17752 am 26.10.2011 um 12:15 Uhr.*

der zu veröffentlichenden Daten durch das US-State Departement bestand und im Nachhinein eine Schuldzuweisung auf WikiLeaks erfolgte, bestand das Fehlverhalten innerhalb des FDP-Managements in der Art und Weise des Umgangs mit Helmut Metzner. In der Folge waren die Institution und die Organisation nicht fähig, den Schutz ihnen nahestehender Personen zu gewährleisten.

4.5. Auswirkungen der Veröffentlichungen

In diesem aufgezeigten Unvermögen an Politikvermittlung offenbart sich das anfänglich beschriebene Spannungsfeld Herrschaftswissen vs. Transparenz. Denn es erfordert im Sinne der Beibehaltung von Geheimnissen die stärkere Selektion von Geheimnisträgern und eine Beschränkung der Kommunikationskanäle. Im Sinne von Transparenz kann dieses aber auch ausgelegt werden, dass, je mehr Transparenz aufgezeigt wird, unverhoffte Veröffentlichungen von Dokumenten in ihrer Quantität & Qualität minimiert werden. Dass seitens des US-Außenministeriums der erste Weg gewählt wurde, ist demokratietheoretisch als bedenklich anzusehen. Dass aber auch ein absolutes Transparenzbegehren Grenzen erfährt, wird sichtbar, wenn Informationszuträger Gefahr für Leib und Leben fürchten müssen, indem ihre Identität offenbart wird. In Bezug auf diesen Aspekt äußerte sich Assange, dass es gut möglich sei, dass WikiLeaks-Mitarbeiter „Blut an ihren Händen"[129] haben könnten. Im Endeffekt werden auch auf diese Art und Weise Kommunikationskanäle und -möglichkeiten beschnitten. Auch wenn der Vergleich nicht passend ist, gibt es auch ein Beispiel für ein den Umständen entsprechend relativ erfolgreiches Ereignismanagement. Es handelt sich um die Veröffentlichung eines seitens des BND als Verschlusssache eingestuften Kosovo-Dossiers im November 2008. In diesem wird über die Organisierte Kriminalität und ihre Verbindungen in die politische Kreise des Kosovo unter Nennung der Informationszuträger berichtet. Nach mehrmaligem Anschreiben unter Androhung juristischer Schritte an WikiLeaks, welche jedoch auch als Expertise für das Dossier durch letztere herangezogen wurden, ist selbiges seit Ende 2009 auf der Internetpräsenz nicht mehr abrufbar gewesen.[130] Durch dieses ruhige Verhalten wurde der Streisand-Effekt[131] relativ gering gehalten.

[129] S:. R. Khatchadourian: Keine Geheimnisse. Julian Assanges Mission der totalen Transparenz. Porträt eines Getriebenen, In: Edition Suhrkamp (Hg.): WikiLeaks und die Folgen. Die Hintergründe. Die Konsequenzen, Berlin 2011, S. 42.

[130] S.: M. Rosenbach & Stark, H.: Staatsfeind Wikileaks. Wie eine Gruppe von Netzaktivisten die mächtigsten Nationen der Welt herausfordert, Hamburg 2011, S. 93 f. und: Als der BND-Chef an WikiLeaks schrieb, in: Süddeutsche Zeitung Nr. 281 vom 4./5.12.2010, S. 8.

[131] Als Streisand-Effekt wird der Versuch bezeichnet, ein Interesse an einer Information durch Unterdrückung derselbigen zu verhindern, wobei jedoch durch den Versuch der Unterdrückung derselben das Interesse an ihr

5. Epilog

WikiLeaks, so umstritten es betrachtet werden sollte, allein schon durch die Forderung nach Transparenz bei eigener Intransparenz, aber auch den anderen inhärenten Spannungsfeldern, kommt aus demokratietheoretischer Sichtweise eine besondere Bedeutung zu, die nicht zu negieren ist. Durch die Offenlegung von Interna aus dem politischen Bereich wurde der Öffentlichkeit die Möglichkeit der Partizipation an politischen Entscheidungsfindungsprozessen, zu einem Teil und vorerst temporär begrenzt, wiedergegeben. Darüber hinaus kann, mit Blick auf die Piratenpartei(en)[132], die Verbindungen zu WikiLeaks und seinen Unterstützern aufweisen, postuliert werden, dass eine Integration in den Meinungsbildungsprozess von exkludierten Bevölkerungsteilen stattfindet. Die gemeinsamen demokratiebasierten Forderungen der Piratenpartei(en) und WikiLeaks werden dafür als Belege herangezogen. So konnten in der Wahl zum Abgeordnetenhaus in Berlin vom 18.09.2011 21000 Nichtwähler zur Stimmabgabe mobilisieren[133]. Es kann also, auch mit Blick auf die sich bildende *occupy*-Bewegung[134] postuliert werden, dass eine Repolitisierung der Öffentlichkeit gegenüber einer Politik der Entpolitisierung der Macht stattfindet. Dabei kommt WikiLeaks der Verdienst zu, dass selbiges versuchte, „die Informationsflut, die gerade im Begriff ist, von einer quantitativen in eine qualitative umzuschlagen … zu systematisieren und zu interpretieren… [, welches eine] kollektive Herausforderung"[135] darstellt. Wie weit WikiLeaks, bzw. das von Assanges ehemaligen Weggefährten Daniel Domscheid-Berg initiierte OpenLeaks, in Zukunft noch geleakte Dokumente veröffentlichen kann, hängt von wesentlichen Punkten, die in ihrer Struktur gegeben sind ab. Die Tatsache, dass sich Anonymous öffentlich von WikiLeaks trennte, wobei als Begründung die persönliche Geltungssucht von J. Assange und Daniel Domscheidt-Berg diente, zeigt ihre basisdemokratische Ausrichtung auf. Jedoch ist davon auszugehen, dass ähnliche Projekte wie WikiLeaks und Open-

---

erst geschürt wird und sie somit in den Focus der Öffentlichkeit gerät.

[132] *Diese Schreibweise Piratenpartei(en) wird benutzt, da es einerseits die Piratenpartei Deutschland gibt, welche sich auf der Basis des föderalen Systems der Bundesrepublik aus den Landesparteien zusammensetzt, und andererseits auf internationaler Ebene die Piratenparteien der Staaten mit einander kooperieren.*

[133] *S.: Fülling, Th.: Piraten können 21000 Nichtwähler mobilisieren, in der Berliner Morgenpost vom 19.09.2011, Auf: www.morgenpost.de/printarchiv/politik/article1768259/Piraten-koennen-21-000-Nichtwaehler-mobilisieren.html am 27.10.2011 um 12:27 Uhr.*

[134] *Die occupy-Bewegung ist an sich noch eine undifferenzierte Bewegung, vergleichbar mit einer außerparlamentarischen Opposition, da sie ihre Ziele, die Mitsprache der Bevölkerung an Politikentscheidungsprozessen, nicht durch Parteien vertreten sieht und sich auch durch diese nicht vereinnahmen lassen möchte. Undifferenziert wird hier benutzt, da sie keine homogene Gruppe darstellt, sondern auf der Basis der gemeinschaftlichen Wahrnehmung des Subsidiaritätsprinzips agiert.*

[135] *G. Lovink & Riemens, P.: Zwölf Thesen zu Wikileaks, In: Edition Suhrkamp (Hg.): WikiLeaks und die Folgen. Die Hintergründe. Die Konsequenzen, Berlin 2011, S. 94 f.*

Leaks weiterhin durch Anonymous unterstützt werden. Ähnlich verhält es sich mit der Trennung des ChaosComputerClubs (CCC) von Domscheidt-Berg, bei dem allerdings der Streit zwischen Assange und Domscheidt-Berg und der Umgang mit Datenmaterial einen Grund darstellt, als Begründung aber auch seine Geltungssucht genannt wurde[136]. Da diese Trennung jedoch nicht von der Basis ausging, ist ebenso wie bei Anonymous davon auszugehen, dass OpenLeaks, wie auch WikiLeaks und ähnliche Plattformen, weiterhin von Internet-Aktivisten unterstütz werden.

Abschließend kann gesagt werden, dass es WikiLeaks gelungen ist, so wie es in *„Conspiracy as Governance"* zu lesen ist, die Kommunikationskanäle zu verdünnen, und damit effizientes Regierungshandeln temporär einzuschränken und Druck auf Regierungen mittels der durch sie informierten Öffentlichkeit auszuüben. Wie weit Regierungshandeln und das Herrschaftswissen, insbesondere der USA, durch die Veröffentlichungen auf WikiLeaks in Frage gestellt wurden und werden, wird sichtbar, wenn zu erfahren ist, dass die Library of Congress den Zugang zu WikiLeaks auf ihren Rechnern geblockt und ihren Angestellten untersagt hat. Dass dies kein Einzelfall ist, untermauert der Verweis der University of Columbia an ihre Studenten, nicht über WikiLeaks zu kommunizieren[137], wenn eine Karriere im Staatswesen angestrebt werden sollte.[138]

---

[136] *In der Begründung des Ausschlusses ist die Rede, dass Domscheidt-Berg den CCC nur benutzen würde, um seine Plattform OpenLeaks kostenlos testen zu lassen und damit den Club ausnutzen würde. S.: Neumann, L.: Kommentar: Vorstand schmeißt Daniel Domscheit-Berg aus dem CCC, auf netzpolitik.org am 14.08.2011, Auf: netzpolitik.org/2011/kommentar-vorstand-schmeisst-daniel-domscheit-berg-aus-dem-ccc/ am 20.11.2011 um 12:45 Uhr.*

[137] *Damit ist die Kommunikation über WikiLeaks und die veröffentlichten Dokumente in privaten, semiprivaten, wie z.B. soziale Netzwerke und öffentlichen Bereichen.*

[138] *S.: O. V.: Wikileaks, UFOs, Fatwas und PayPal, auf Telepolis am 04.12.2010, Auf: www.heise.de/tp/blogs/8/148873 am 20.11.2011 um 13:45 Uhr; O. V.: State Departement to Columbia University Students: DO NOT Discuss WikiLeaks On Facebook, Twitter, vom 04.12.2010, Auf: www.hufftingtonpost.com/2010/12/04/state-departement-to-colum_n_792059.html am 20.11.2011 um 13:55 Uhr.*

Literaturverzeichnis

Ahrendt, H.: Die Lüge in der Politik. Überlegungen zu den Pentagon-Papieren, In: Ders.: Wahrheit und Lüge in der Politik, München/Zürich, S. 7-43, S. 42.

Assange, J.: „Conspiracy as Governance". Das WikiLeaks-Manifest, übersetzt, Auf: http://le-bohemien.net/2010/12/09/exklusiv-das-wikileaks-manifest/ am 19.05.2011 um 11:55 Uhr.

Assmann, A.: Erinnerungsräume. Formen und Wandlungen des kulturellen Gedächtnisses, Beck 1999.

Benz, A.: Mulitlevel Governance in Mehrebenensystemen, In: Ders.: Governance – Regieren in komplexen Regelsystemen. Eine Einführung, Wiesbaden, 2004, S. 125-143

Benz, A.: Mulitlevel Governance in Mehrebenensystemen, In: Benz, A. & N. Dose (Hg): Governance – Regieren in komplexen Regelsystemen. Eine Einführung, Wiesbaden, 2007, S. 111-131

Blechschmidt, P. & N., Fried: Unterirdisch, In: Süddeutsche Zeitung, Nr. 286, vom 10.12.2010, Seite 3.

Böhm, A. et al.: Die Welt läuft aus, In: Die Zeit Nr. 49 vom 02.12.2010, S. 3.

Bourdieu, P.: Gegen die Politik der Entpolitisierung. Die Ziele der europäischen Sozialbewegung, Auf: http://www.trend.infopartisan.net/trd0102/t480102.html am 30.09.2011 um 17:32 Uhr.

Bundeszentrale für politische Bildung (Hg.): Massenmedien in der Reihe: Informationen zur politischen Bildung, Heft 309, 4/2010.

Bunz, M.: Datenjournalismus: Wie digitalisiertes Wissen unser Verhältnis zur Wahrheit ändert. Auf: http://berlinergazette.de/mercedes-bunz-wikileaks-wahrheit-hannah-arendt/ am 30.09.2011 um 17:45.

Clausewitz, C. von: Vom Kriege, Auf: www.carlvonclausewitz.de/vom-kriege am 02.11.2011 um 10:34 Uhr.

Domscheit-Berg, D.: inside WikiLeaks. Meine Zeit bei der gefährlichsten Website der Welt, Berlin 2011.

Edition Suhrkamp (Hg.): WikiLeaks und die Folgen. Die Hintergründe. Die Konsequenzen, Berlin 2011.

Fried, N.: Profil. Helmut Metzner. Vertrauter von Westerwelle, US-Maulwurf der FDP, In: Süddeutsche Zeitung, Nr. 281, vom 4./5.12.2010, S. 4.

Fülling, Th.: Piraten können 21000 Nichtwähler mobilisieren, in der Berliner Morgenpost vom 19.09.2011, Auf: www.morgenpost.de/printarchiv/politik/article1768259/Piraten-koennen-21-000-Nichtwaehler-mobilisieren.html am 27.10.2011 um 12:27 Uhr.

Hocking, B.: Patrolling the ‚Frontier': Glocalisation, Localization and the Actorness of Non-Central Governments, 1999, In: Aldecoa, Francisco und M. Keating (Hrsg.): Paradiplomacy in Action. The Foreign Relations of Subnational Governments, London: Frank Cass:17-39.

Horvath, M. D.: U.S. Intelligence planned to destroy WikiLeaks, vom 18.03.2008, Auf: http://wlstorage.net/file/us-intel-wikileaks.pdf am 3.11.2011 um 10:13 Uhr.

Gerstein J.: Gates shruggs off WikiLeaks cable dump, Auf: www.politico.com/blogs/joshgerstein/1110/Gates_shrugs_off_Wikileakss_cable_dump.html am 21.09.2011 um 17:15 Uhr.

Jacke, Chr. & M. Zierold: The grass was always greener. Popkulturwissenschaft und Erinnerungsforschung: eine einleitende Konfrontation, Auf: www.sjschmidt.net/konzepte/texte/jacke-zierold.htm am 20.09.2011 um 11:35.

Jung, M. J.: Krieg der Informationen. WikiLeaks kämpft darum, online zu bleiben, In: Süddeutsche Zeitung, Nr. 281, vom 4./5.12.2010, S. 1.

Keating, M.: Regions and International Affairs: Motives, Opportunities and Strategies, 1999, In: Aldecoa, Francisco und M. Keating (Hrsg.): Paradiplomacy in Action. The Foreign Relations of Subnational Governments, London: Frank Cass:1-16.

Klingst, M.: Aspirin in der siebten Etage, In: Die Zeit Nr. 50 vom 09.12.2010, S. 5.

Klingst, M. & K. Pham: Ins Netz gegangen, in Die Zeit Nr. 50 vom 09.12.2010, S. 4.

Ley (ohne nähere Angabe): Als der BND-Chef an Wikileaks schrieb, In: Süddeutsche Zeitung, Nr. 281, vom 4./5.12.2010, S. 8.

Leyendecker, H.: Verrat am Verrat, In: Süddeutsche Zeitung, Nr. 281, vom 4./5.12.2010, S. V2/1.

Lohre, M.: Wir haben es nicht böse gemeint, in TAZ vom 3.12.2010, Auf: www.taz.de/FDP-verteidigt-US-Informanten-/!62282/ am 22.10.2011 um 15:17 Uhr.

Morozov, E.: Kluge Diktatoren, in Süddeutsche Zeitung, Nr.59, vom 12./13.03.2011, Seite 13.

Münkler, H.: Vom Nutzen des Geheimnisses. Auf: www.spiegel.de/spiegel/print/d-75476953.html am 30.09.2011 um 19:30 Uhr.

Neumann, L.: Kommentar: Vorstand schmeißt Daniel Domscheit-Berg aus dem CCC, auf netzpolitik.org am 14.08.2011, Auf: netzpolitik.org/2011/kommentar-vorstand-schmeisst-daniel-domscheit-berg-aus-dem-ccc/ am 20.11.2011 um 12:45 Uhr.

O.V.: Clinton prangert WikiLeaks-Enthüllungen an: auf Spiegelonline vom 29.11.2011, auf: www.spiegel.de/politik/ausland/0,1518,731838,00.html am 21.09.2011 um 17:15 Uhr.

O. V.: Der 11. September für die weltweite Diplomatie, Auf: Spiegelonline vom 29.10.2010, Auf: www.spiegel.de/politik/ausland/0,1518,731720,00.html am 19.09.2011 um 23:00 Uhr.

O. V.: Der Bundestrojaner – dilettantisch und gefährlich, in Berliner Morgenpost vom 10.10.2011, Auf: http://www.morgenpost.de/politik/article1788470/Der-Bundestrojaner-dilettantisch-und-gefaehrlich.html am 17.10.2011 um 19:40 Uhr.

O. V.: Der „Maulwurf" fühlt sich um seinen Arbeitsplatz beraubt, auf Stern.de am 16.02.2011, Auf: www.stern.de/politik/deutschland/helmut-metzner-im-stern-interview-der-maulwurf-fuehlt-sich-seines-arbeitsplatzes-beraubt-1654397.html am 26.10.2011 um 11:15 Uhr.

O. V.: Ihr kauft mir den Schneid nicht ab, in Süddeutsche Zeitung vom 14.03.2010, Auf: www.sueddeutsche.de/politik/westerwelle-auf-dem-nrw-parteitag-ihr-kauft-mir-den-schneid-nicht-ab-1.17752 am 26.10.2011 um 12:15 Uhr.

O. V.: Irak. Der Weg in den Krieg, Auf: www.oelspuren.net/Kriege/Irak/irak.HTM am 5.10.2011 um 16:50 Uhr.

O. V.: Kauder will Verräter bestrafen, Auf n-tv am 02.09.2011, auf: www.n-tv.de/politik/Kauder-will-Verraeter-bestrafen-article4199561.html am 14.10.2011 um 14:15 Uhr.

O. V.: State Departement to Columbia University Students: DO NOT Discuss WikiLeaks On Facebook, Twitter, vom 04.12.2010, Auf: www.huffingtonpost.com/2010/12/04/state-departement-to-colum_n_792059.html am 20.11.2011 um 13:55 Uhr.

O. V.: Twitter muss Daten von WikiLeaks-Helfern herausgeben, auf heise-online am 11.11.2011, Auf: www.heise.de/newsticker/meldung/Twitter-muss-Daten-von-Wikileaks-Helfern-herausgeben-1377449.html am 16.11.2011 um 10:21 Uhr.

O. V.: US-Außenministerium kappt Datenzugang, Auf: Stern.de vom 30.11.2010, Auf: www.stern.de/panorama/nach-wikileaks-enthüllungen-us-aussenministerium.kappt-datenzugang-1629612.html, am 13.11.2011 um 14:45 Uhr.

O. V.: WikiLeaks; auf Wikipedia.de, Auf: http://de.wikipedia.org/wiki/Wikileaks am 16.10.2011 um 17:45 Uhr.

O. V.: Wikileaks, UFOs, Fatwas und PayPal, auf Telepolis am 04.12.2010, Auf: www.heise.de/tp/blogs/8/148873 am 20.11.2011 um 13:45 Uhr.

Pitzke, M.: Washington beichtet letzte Vietnam-Lügen, auf Spiegelonline vom 09.06.2011 Auf: www.spiegel.de/politik/ausland/0,1518,767493,00html am 21.10.2011 um 10:45 Uhr.

Popper, K. R.: Die offene Gesellschaft und ihre Feinde, 8. Auflage, Tübingen 2003, S.263.

Pröve, R.: Herrschaft als kommunikativer Prozess: das Beispiel Brandenburg-Preußen. In: M. Meumann & Pröve, R.: Wissen ist Macht, S. 11- 21.

Repinski, G. & W. Schmidt: Guidos Guillaume enttarnt, Auf: www.taz.de/FDP-Spion-outet-sich/!62225/ am 26.10.2010 um 13:45 Uhr.

Rosenbach, M. & H. Stark: Staatsfeind Wikileaks. Wie eine Gruppe von Netzaktivisten die mächtigsten Nationen der Welt herausfordert, Hamburg 2011.

Soldatos, P.: An Explanatory Framework for the Study of Federated States as Foreign-policy Actors, 1990, In: Michekmann; H. J. & Soldatos, P. (Hrsg.): Federalism and International Relations. The Role of Subnational Units. Oxford: Clarendon Press: 34-53.

Tönnies, F.: Gemeinschaft und Gesellschaft. Abhandlung des Communismus und des Socialismus als empirischer Culturformen, 3. Buch §29, Berlin, 1887 S.264-267, Auf: http://www.deutschestextarchiv.de/toennies/gemeinschaft/1887/ am 10.09.2011 um 19:30.

Weber, M.: Wirtschaft und Gesellschaft. Grundriß der verstehenden Soziologie. Studienaus-gabe, 5. Aufl., Tübingen 1980, S. 825, Auf: http://www.zeno.org/Soziologie/M/Weber,+Max/Grundri%C3%9F+der+Soziologie/Wirtschaft+und+Gesellschaft/Zweiter+Teil.+Die+Wirtschaft+und+die+gesellschaftlichen+Ordnungen+und+M%C3%A4chte/Kaptel+IX.+Soziologie+der+Herrschaft/8.+Abschnitt.+Die+rationale+Staatsanstalt+und+die+modernen+politsche n+Parteien+und+Parlamente+(Staatssoziologie)/%C2%A7+2.+Der+rationale+Staat+als+anstaltsm%C3%A4%C3%9Figer+Herrschaftsverband+mit+dem+Monopol+legitimer+Gewaltsamkeit am 30.09.2011 um 19:03 Uhr.

Weber, M.: Wirtschaft und Gesellschaft. Kapitel III. Die Typen der Herrschaft. § 10: Charismatische Herrschaft, Auf: www.textlog.de/7415.html am 29.10.2011 um 12:10 Uhr.

WikiLeaks, Auf: www.wikileaks.de am 19.09.2011 um 23:06 Uhr.

Zielke, A.: Wissen ist Macht. In: Süddeutsche Zeitung Nr. 291, vom 16.12.2010, S. 11.

Video: "ARD-Insider erklärt, wie das Lügen im Ersten organisiert wird" mit Christoph Hörstel, vom 21.10.2011, Auf: http://haraldpflueger.com/de/blog/videos/60637-ard-insider-erklaert-wie-das-luegen-im-ersten-organisiert-wird.html am 21.10.2011 um 19:25 Uhr.